在自然中

滋养儿童生命的活力

上海教育出版社
SHANGHAI EDUCATIONAL
PUBLISHING HOUSE

陈月红 著

序

　　第一次听说冰厂田滴水湖幼儿园，是在与冰厂田教育集团理事长姚健的交谈中。她动情地讲述着这所名字充满诗意、办园时间不长的幼儿园里发生的动人故事。那时，我心中便萌生了好奇——这究竟是一所怎样的幼儿园？

　　2021年，因上海市示范幼儿园评审，我有幸踏入了这所地域偏远却自成一方的园所。眼前的景象让我心头一暖：一群幼儿在草坡上自由奔跑，追逐五彩泡泡，三五成群的女孩蹲在树下用彩色叶子做自然拼贴，好几个男孩趴在草地上与蚯蚓"谈判"，远处还有一群"小工程师"正用树枝和麻绳建造"昆虫冬眠屋"……没有整齐划一的塑胶操场，取而代之的是蜿蜒的小径、高低起伏的土坡和随风摇曳的花草。正如一位家长所言："在这里，孩子学会了比认字更重要的事——如何温柔地对待生命。"

　　更打动我的是教育者的智慧。他们不急着"教"，而是蹲下来倾听幼儿的童言稚语；不追求"快"，而是陪着幼儿在阳光雨露中慢慢成长。如今，这所幼儿园将十余年的探索凝集成书——《在自然中，滋养儿童生命的活力》。翻开书页，仿佛能闻到泥土的芬芳，听见生命的呢喃。

　　让教育回归自然。在这个连幼儿都离不开电子屏幕的时代，"自

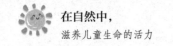
然缺失症"悄然蔓延。但在这里，幼儿会为守护一株向日葵熬夜观察它的生长，会为梨树"搬家"自发制订浇水排班表，甚至用树叶和木棍给蜗牛设计带花园的小屋。这些故事不是童话，而是真实发生在冰厂田滴水湖幼儿园的日常。

书中用温暖的笔触记录了幼儿园从"塑胶操场"到"生态乐园"的蜕变。起初，幼儿园大胆拆掉规整的设施，让幼儿在凹凸不平的土坡上攀爬、打滚，重新唤醒身体与自然的对话；接着，教师带着幼儿认领树木、耕种菜园、照料小动物，让教育从课堂延伸到每一片叶子、每一寸土壤；如今，这里已形成独特的"生态圈"——幼儿可以自由决定种什么植物、如何设计花园，甚至参与改造校园环境。一位教师感慨："当我们把决策权交给幼儿，他们眼里的光，比任何教案都珍贵。"

慢下来，才能听见成长的声音。书中最动人的，是教育者对"慢"的坚守。他们相信，真正的成长像种子破土，急不得。有一次，幼儿发现梨树生病了，教师没有直接给出答案，而是陪着他们查资料、问园丁、做实验，整整三个月，幼儿像小科学家一样记录数据、争论方案。最终，梨树发出新芽的那一刻，欢呼声传遍了整个幼儿园。"教育不是灌输知识，而是点燃好奇心。"园长在书中写道。

这样的故事还有很多：下雨天，幼儿趴在窗边看雨滴跳舞，教师就临时把课堂搬到屋檐下；发现蚯蚓钻进泥土，全班立刻开启"土壤探秘"项目……书中用"五个一"活动（认识一株花、认领一棵树、种植一亩田、照料一种动物、开展一次远足）串联起自然教育的脉络，却从不拘泥形式。

最打动我的，是教育者"把理论种进泥土"的智慧。他们从陈鹤琴的"活教育"思想中汲取养分，用十余年的时间完成三场静默革命——破土期：拆掉塑胶地，筑起土坡与沟壑，让幼儿在摔跤打滚中唤醒身体本能；生长期：带幼儿在树荫下开展"昆虫法庭"，为偷吃

菜叶的毛毛虫辩护，让幼儿用自然体验、童稚逻辑理解生态平衡；绽放期：把课程设计权交给幼儿，当六岁女孩提出"给流浪猫建太阳能暖房"时，全园竟真的启动了"喵星人安居工程"。幼儿园不仅始终以幼儿的生命教育为根本，注重幼儿生命的全面成长，而且将幼儿的生命教育融入自然教育之中，构建了儿童成长的"生命共同体"。在生命教育中让幼儿感受到生活中的美好，在熏陶幼儿的过程中，使幼儿成为"完整的人"，这便是陈月红园长在《在自然中，滋养儿童生命的活力》一书中强调的教育理念。

写给每一个爱孩子的大人。这本书不仅是幼儿园的实践总结，更是一封写给教育者的情书。它告诉我们：最好的课堂没有围墙，最棒的教师就在自然之中。当幼儿的手掌沾满泥土，当他们的眼睛因发现蝴蝶而发亮，教育便回归了最本真的模样。

翻阅完全书，我仿佛又回到那个阳光明媚的午后——幼儿蹲在菜园里，小心翼翼地把刚摘的番茄捧在手心，像捧着全世界的珍宝。那一刻我明白：真正的教育，从来不是高高在上的理论，而是蹲下来，和幼儿一起触摸土地的温度，倾听万物生长的声音。

愿这本用十余年光阴成就的"自然情书"，能让更多教育人相信：最好的课堂，永远在天地之间；最动人的成长，总带着泥土的印记。让这本书，带你走进教育的春天。

上海市托幼协会副会长、特级教师、正高级教师

目　录

前　言 / 1

第一章　导论：自然体验活动的教育意蕴 / 1

一、何为"自然" / 2

（一）什么是"自然" / 2

（二）什么是"自然体验" / 4

二、为何教育要回归自然 / 13

（一）教育回归自然是实现幼儿身心健康发展的最佳途径 / 13

（二）教育回归自然是课程改革深化的必然选择 / 16

（三）教育回归自然是对教育本质的不懈追求 / 18

三、自然与幼儿发展 / 19

（一）自然与幼儿的健康发展 / 19

（二）自然体验对幼儿全面发展的价值 / 20

四、自然体验活动的理论根基 / 22

（一）陈鹤琴"活教育"：以自然为课堂的实践哲学 / 22

（二）具身认知：身体参与如何深化自然体验的真实性 / 23

（三）生态心理学：自然环境对幼儿情感与社会性发展的隐性价值 / 24

第二章　基础构建：自然体验活动的"环境赋能" / 27

一、突围：从无到有的空间变革 / 28

（一）地表更新：从塑胶场地到生态复合层 / 28

（二）空间重组：激活使用效能 / 30

（三）低成本种植模块：移动式花箱 / 33

二、重构：提升环境的身体参与性 / 33

（一）野趣改造，让每个角落都能玩起来 / 33

（二）一步一景，打造花园式生态 / 35

（三）巧思设计，充分调动五感体验 / 37

三、升级：打造儿童友好的环境 / 39

（一）无边界设计，打破室内外隔阂 / 39

（二）诱导桌：提供有准备的环境 / 42

（三）幼儿主导的空间改造 / 46

第三章　内涵深化：自然体验活动的"课程创生" / 53

一、五个一：自然体验活动的初步探索 / 54

（一）认识一株花 / 55

（二）认领一棵树 / 63

（三）种植一亩田 / 71

（四）照料一种动物 / 79

（五）开展一次远足 / 95

二、自然体验活动的课程化架构 / 97

（一）从预设到生成的课程进化 / 97

（二）指向幼儿发展目标的自然体验活动分类 / 103

三、自然体验活动中的教师支持策略 / 109

（一）马赛克方法：理解幼儿的一百种语言 / 109

（二）隐性支持：创设自由探索的空间 / 118

（三）镜像对话：建立积极的活动体验 / 123

（四）甄别问题：支持有价值的探索 / 125

（五）有效提问：高质量师幼互动 / 127

（六）观察评估：锚定幼儿发展 / 132

第四章　生态重构：自然体验活动的"关系升华" / 141

一、以幼儿为主体的学习变革 / 142

（一）基于幼儿视角的深度学习 / 143

（二）儿童议事机制 / 157

（三）幼儿参与课程评价 / 161

二、教师实践智慧的涌现 / 171

（一）基于现象的自然教育叙事沙龙 / 171

（二）基于智慧共享的教科研联动 / 173

（三）助推反思性实践的微课题研究 / 176

三、幼儿成长共同体的自然联结 / 177

（一）家长与教师并肩耕作 / 178

（二）打造五公里社区资源圈 / 188

第五章　我们都在自然中得到滋养 / 197

一、幼儿：看见自然生长的力量 / 198

（一）细微探寻　初见幼儿成长端倪 / 198

（二）科学洞察　再觅幼儿成长踪迹 / 203

二、教师：自然教育者的多重修炼 / 205

（一）儿童观的优化 / 205

（二）课程观的迭代 / 209

（三）教育观的革新 / 212

三、家长：在自然体验中同行共长 / 214

（一）从"以知识技能为中心"向"以幼儿发展为中心"转变 / 214

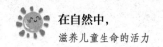

（二）从"协助者"向"同行者"转变 / 215

四、展望未来 / 216

（一）广度拓展——构建成长共同体，同绘教育新篇章 / 216

（二）深度挖掘——深耕自然体验，提升课程内涵 / 216

（三）温度升华——共筑人与自然、人与社会、人与自我和谐共生的
成长家园 / 217

后 记 / 218

附 录 / 220

附录1：自然体验活动中的幼儿学习品质观察量表 / 221

附录2：自然体验活动中幼儿"坚持与专注"观察量表 / 224

附录3：自然体验活动中幼儿深度学习观察表 / 226

附录4：幼儿有效学习观察表 / 228

前　言

　　冰厂田滴水湖幼儿园（以下简称"幼儿园"）自 2010 年 9 月创办以来，历经从无到有、从小到大的发展历程。幼儿园最初位于浦东新区南汇新城镇主城区，采用一园两址的格局，分别设有宜浩部和茉莉部。2014 年 6 月，冰厂田滴水湖幼儿园凭借其优质的教育质量和良好的办园条件，成功创建为上海市一级园。同年，为配合政府和教育局对临港地区学前教育资源的调整，幼儿园整体搬迁至竹柏路 275 号，开启了新的发展阶段。2015 年 1 月，幼儿园与上海市示范园冰厂田幼儿园结对办学，并更名为浦东新区冰厂田滴水湖幼儿园，借助示范园的优质资源和先进经验，进一步提升了办园水平。2018 年，幼儿园正式加入冰厂田教育集团，成为集团的一员，开启了集团化办学的新征程。在集团的支持下，幼儿园不断发展壮大，2023 年 1 月成功创评为上海市示范性幼儿园。2024 年 9 月，幼儿园规模进一步扩大，由原来的 2 个部扩为 4 个部。如今，幼儿园已经成为上海市首批儿童友好学校试点校、浦东新区教师专业发展学校、浦东新区见习教师规范化培训学校、浦东教育发展研究院临港教育科研基地以及浦东新区"十四五"家教指导科研基地，承担着多项市级和区级教育科研课题，为区域学前教育的发展做出了重要贡献。

一、教育理念的演变

　　冰厂田滴水湖幼儿园的教育理念经历了从单一到多元、从片面到全面的演变过程。最初，幼儿园将"自主运动"作为办园特色和课程建设的主要抓手，以规范的课程建设为导向 ①，以培养"健体、健脑、健美、健心"的"四健"幼儿为目标，力求通过运动促进幼儿的全面发展。这一阶段，幼儿园注重自然环境的创设，为幼儿提供了丰富的运动空间和设施，让幼儿在自然环境中尽情奔跑、玩耍、锻炼身体，培养自主运动的习惯。随着教育实践的不断深入，幼儿园逐渐认识到，仅仅关注运动是不够的，还需要关注幼儿的学习方式和身心发展规律。于是，幼儿园进入了第二阶段，开始探索自然体验的学习方式，用符合幼儿身心规律的方法来支持幼儿学习。这一阶段，幼儿园在自然环境中架构活动内容，设计了丰富多样的自然体验活动，让幼儿在与自然的互动中学习知识、培养能力。同时，幼儿园也更加注重教师的引导和支持作用，帮助幼儿更好地理解和探索自然。到了第三阶段，幼儿园的教育理念进一步升华，追求幼儿整全的生命发展，更加注重发挥幼儿的主体性，滋养幼儿的生命力。这一阶段，幼儿园不仅关注幼儿的身体和智力发展，还关注幼儿的情感、社会性和审美等方面的发展，通过多元化的课程和活动，为幼儿提供全面发展的机会，让幼儿都能在幼儿园中找到属于自己的成长路径。

表 1　教育理念的三阶段演变

阶段	核心理念	实践重点	目标
第一阶段	自主运动	运动环境创设与"四健"培养（健体、健脑、健美、健心）	通过运动促进身体与习惯发展
第二阶段	自然体验	自然活动设计与教师引导	支持符合儿童身心的学习方式
第三阶段	整全生命发展	多元课程与主体性培养	关注情感、社会性、审美等多维发展

二、自然教育的实践与改革

2020 年，疫情的爆发使得冰厂田滴水湖幼儿园的日常活动被迫暂停，但也为幼儿园提供了反思和调整的机会。园长借此契机重新审视幼儿园的教育理念

---

① 朱家雄.幼儿园课程 [M].上海：华东师范大学出版社，2003.

和实践，深入学习陈鹤琴的"活教育"思想①，深刻认识到幼儿园教育不仅要关注幼儿的健康和智力发展，更要注重培养幼儿的创造力、品德和审美观念。陈鹤琴先生的理念为幼儿园的自然教育改革提供了重要的理论支持，明确了自然教育在幼儿全面发展中的重要价值。在学习其他研究的基础上，②③结合园所特点，幼儿园形成了以下实践路径：（1）多接触自然。幼儿园通过增加户外活动时间，让幼儿更多地接触自然环境。幼儿在自然中奔跑、玩耍、探索，感受四季变化和自然之美。（2）观察与实践活动结合。强调观察与实践活动的结合。例如，幼儿在观察植物生长的过程中，亲自动手种植、浇水、记录，通过实践加深对自然现象的理解。（3）扩宽科学认知。通过自然教育活动，引导幼儿探索自然规律，了解生态系统的运作，培养科学思维和探究能力。例如，组织幼儿观察昆虫、研究土壤成分等。

2020年，在区级课题《生态学视野下幼儿园户外自然体验活动的实践研究》的驱动下，幼儿园课程改革有序推进。结合课题研究，幼儿园逐步将一日活动从室内转向室外，让幼儿在自然环境中游戏、学习和探索，初步完成了三方面的改革：（1）户外改造。幼儿园对户外环境进行了全面改造和升级，打造了多个功能齐全、富有自然气息的户外活动区域，如生态园、探索区等，为幼儿提供了丰富的自然体验资源。（2）课程融合。注重室内外课程活动的融合与联动。例如，从自然观察入手，引导幼儿进行艺术表达（如绘画、手工），再延伸到科学探究（如实验、研究），形成完整的课程链条。这种室内外联动的课程设计，让幼儿的学习更加连贯和深入。（3）教师角色转变。教师从传统的"指导者"角色向"支持者"转变，更加注重生成性课程的开发。教师通过观察幼儿的兴趣和需求，灵活调整教学内容和方法，引导幼儿自主探索和学习。

经过近五年的努力，幼儿园的户外环境发生了翻天覆地的变化，幼儿在自

---

① 陈鹤琴.陈鹤琴"活教育"幼儿园教师实用手册[M].南京：南京师范大学出版社，2017.

② 岳伟，徐凤雏.自然体验教育的价值意蕴与实践逻辑[J].广西师范大学学报（哲学社会科学版），2020（2）.

③ 李新展.基于自然主义教育思想的幼儿园自然教育[J].学前教育研究，2022（9）.

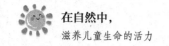
然环境中的活动更加丰富多彩，课程质量也得到了显著提升。2023 年 1 月，幼儿园凭借其在自然教育方面的突出表现，成功创评为上海市示范性幼儿园，成为区域学前教育改革的标杆。幼儿园形成了可复制的"自然体验活动"模式，涵盖生命感知型、艺术表现型、观察探究型及文化体验型四大类活动。这种模式为其他幼儿园提供了有益的借鉴，推动了自然教育的广泛传播。

三、未来展望

本书将系统呈现冰厂田滴水湖幼儿园在自然体验活动方面的思考、实践和成果，旨在为其他教育工作者提供有益的借鉴和启发。全书共分为五章，每一章都聚焦于幼儿园自然教育改革的不同方面。在第一章中，笔者将与读者分享自己对自然以及自然与幼儿发展之间关系的理解，阐述为什么选择自然体验活动作为幼儿园教育改革的切入点，帮助读者从理论层面理解自然教育的重要性和必要性。第二章到第四章则详细介绍了幼儿园在不同阶段的实践研究过程，包括如何思考问题、如何理解教育理念以及如何采取具体行动。通过具体案例和实践经验的分享，读者可以清晰地看到幼儿园自然教育改革的全过程，了解其中的困难与挑战，以及如何克服这些问题取得成功。在第五章中，笔者将总结幼儿园在自然教育改革过程中取得的收获和成效，包括课程建设、幼儿成长、教师发展等方面的变化和提升。同时，笔者也将对未来幼儿园自然教育的发展方向进行展望，提出新的目标和计划，为幼儿园的持续发展奠定基础。通过本书的分享，冰厂田滴水湖幼儿园希望与更多教育工作者共同探讨自然教育的内涵和实践路径，推动学前教育领域的创新与发展，为幼儿的健康成长和全面发展创造更好的条件。

第一章

导论：
自然体验活动的教育意蕴

一、何为"自然"

（一）什么是"自然"

"自然"这一概念在大众认知中常被狭义地理解为远离人类居住区的自然景观，如丛林、沙漠、海洋等。然而，从广义上讲，"自然"指的是自然界中所有事物的总体，包括物理世界的现象以及生命的存在。美国作家亨利·戴维·梭罗（Henry David Thoreau）在其著作《瓦尔登湖》中提道："美的品味大多是在户外培养的，那里没有房子，也没有管家。"[①]他通过在瓦尔登湖畔的独居生活，将自然作为灵感源泉，创作出这部经典著作。自然不仅是人类物质生活的基础，更是精神生活的重要滋养。

幼儿对自然的亲近性是与生俱来的。然而，现代社会中，青少年更多地选择待在室内，而非亲近自然。美国学者理查德·洛夫（Richard Louv）在其著作《林间最后的小孩：让我们的孩子远离自然缺失症》中提出了"自然缺失症"这一概念[②]，指出人与自然的疏离会导致注意力不集中、躯体和心理疾病高发等问题。研究表明[③]，接触自然不仅能减轻注意力缺陷多动障碍（ADHD），还能提高幼儿的认知能力和抗压能力。因此，将自然与教育相结合，让幼儿在自然中成长，显得尤为重要。

---

① 梭罗. 瓦尔登湖 [M]. 穆紫，译. 长春：北方妇女儿童出版社，2011.

② 理查德·洛夫. 林间最后的小孩：让我们的孩子远离自然缺失症 [M]. 美同，海狸，译. 北京：北京联合出版公司，2022.

③ 帕蒂·博恩·塞利. 儿童自然体验活动指南 [M]. 肖凤秋，尚涵宇，译. 北京：教育科学出版社，2017.

然而，自然教育并非仅仅是将幼儿带到户外。为了真正将自然融入教育，我们需要对"自然"这一概念进行更深入的探讨和定义。经过长期的实践研究，我们将"自然"定义为以下三个层次：

1. 作为教育文化资源的"自然"

陈鹤琴先生曾指出[①]，大自然是我们的知识宝库，大社会是我们的生活宝库，是我们的活教材。我们在实践中发现，将活动从室内转移到户外，幼儿的学习活动变得更加灵动多样。例如，幼儿或趴在地上仔细观察昆虫，或蹲着用心采拾树叶，或踮起脚尖钩取果实，或奔跑在天地间与风嬉戏。教师的课程故事也更加丰富多样：同样是秋天，有的班级在探究秋叶，有的班级在探究秋果，有的班级在探究秋虫，有的班级在探究云朵……即便在同一个班级里，有的幼儿在研究南瓜，有的幼儿在探秘花生，有的幼儿则在探索橘子和橙子。这些丰富的活动展现了自然的魅力。自然环境中的各种元素，如花草树木、风雨雷电、鸟语虫鸣等，都成为课程的素材。

2. 作为文化价值取向的"自然"

在自然体验活动中，我们发现幼儿天生具有亲生命性。例如，当幼儿自己开始饲养兔子、小鸭时，他们会主动与小动物聊天，甚至把兔子邀请到自己的游戏场地做游戏，为兔子举办婚礼等。然而，我们也发现幼儿对生命的尊重并非恒定不变。例如，在照料小动物时，有的幼儿动作会比较粗暴；在需要叶片、花朵和枝条做游戏时，有的幼儿会撕扯或者争着摘取好看的花瓣；在玩水时，有的幼儿会肆意地打开水龙头，让水一直流着以满足自己的乐趣。研究表明[②]，幼儿期的自然探索和体验将为未来的管理能力打下基础，包括主人翁意识、相互依存意识以及保护和关爱地球的愿望。因此，自然教育不仅要让幼儿获取认知经验，更要培养他们对自然的敬畏、感恩和责任意识。我们通过日常活动和特定节日（如"世界地球日""国际生物多样性日"）渗透环保理念，帮助幼儿建

① 陈鹤琴.陈鹤琴"活教育"幼儿园教师实用手册[M].南京：南京师范大学出版社，2017.
② 岳伟，徐凤雏.自然体验教育的价值意蕴与实践逻辑[J].广西师范大学学报（哲学社会科学版），2020(2).

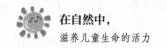

立对自然的正确认知和价值体系。

3. 作为儿童文化母体的"自然"

"自然"在汉语中还有"天然，非人为""自由发展，不经人力干预""人的自然本性和自然情感"的含义。随着儿童观的不断优化，我们越来越关注如何让教育在自然中自然而然地生发。《幼儿园户外创造性游戏与学习》一书中指出，自然游戏不仅是"在"自然中游戏，更是"和"自然一同游戏[1]。这种"相合"之美体现了幼儿的特征与自然环境及自然材料的游戏潜质的高度契合。此外，《没有围墙的幼儿园：基于自然的幼儿教育指南》一书提出"基于自然"的概念，强调自然教育应融入幼儿的学习，而非简单地堆砌自然课程[2]。因此，我们在实践中遵循幼儿兴趣，基于幼儿发展规律，陪伴幼儿与自然共舞，并在过程中寻找适宜的教育生长点，助推幼儿的学习和发展。

（二）什么是"自然体验"

著名教育学家蒙台梭利（Maria Montessori）曾指出：我听了，我会忘记；我看了，我记住了；我做了，我就理解了。这句话深刻揭示了"体验"在儿童发展中的重要性。事实上，这一观点不仅适用于幼儿，对成人也同样适用。约瑟夫·克奈尔（Joseph Cornell）在《共享自然：每个孩子都喜欢的自然学习法》一书中提到：越来越多的趣闻和研究证据表明，如果人们经常在自然环境中玩耍和学习，任何年龄段的人都会感觉更快乐，身心更健康，学习成绩也会更好。世界卫生组织（WHO）在2002年的一份报告中指出，久坐不动的生活方式是世界上导致死亡和残疾的十大主要原因之一。对于天性活泼的幼儿来说，"自然体验"对他们的身心健康发展和各方面能力的提升具有至关重要的作用。

根据皮亚杰（Jean Piaget）的认知发展理论，学龄前儿童处于感知运动阶段（0—2岁）和前运算阶段（2—7岁），这一阶段的幼儿学习必须通过感官和动作

[1] 露丝·威尔逊. 幼儿园户外创造性游戏与学习 [M]. 陈欢，译. 北京：中国轻工业出版社，2020.
[2] 蕾切尔·A. 拉里莫尔. 没有围墙的幼儿园：基于自然的幼儿教育指南 [M]. 陈欢，译. 北京：中国轻工业出版社，2025.

的参与，才能帮助他们认识和理解外部世界。近年来，我们反复强调幼儿的学习应在"亲身体验、直接感知和实际操作"中开展。自然体验对幼儿的多方面发展具有显著益处。研究表明，更多地融入自然有助于幼儿提高注意力，减少打架和其他行为问题，改善健康和体能，提供传统游戏方式所不能提供的身体锻炼效果。在自然中玩耍时，幼儿更易于进行"更具创造性和更复杂的游戏"，并可以"按照符合自身的方式和步调"自由地投入各类活动。此外，自然体验也有助于幼儿的认知发展。自然环境提供的很多机会能够促进幼儿批判性思考、仔细观察、整合信息以及解决问题，这些能力对智力发展非常重要。

尽管国内外尚未对"自然体验"的概念进行明确界定，但幼儿在自然中获得成长和体验是自然教育的核心。国内外教育者坚信，真实的自然世界中的体验有助于培养幼儿的自信、适应能力和毅力。从多本著作和各类文献中我们了解到，国外的大部分自然教育都是基于幼儿体验的，不同国家有各自不同的特色，活动理念也较为先进，注重幼儿与环境的互动以及幼儿在环境中的自主性和社会性发展。

1. 国际自然体验教育的实践案例

（1）美国自然体验教育 [1]

① 重视户外活动与自然接触。美国学前教育机构非常重视户外活动，认为这是幼儿亲近自然、体验自然的重要方式。这些机构经常组织幼儿进行户外探险、野餐、自然观察等活动，让幼儿在自然环境中学习和成长。例如，许多学前教育机构会定期安排幼儿到附近的森林、公园或自然保护区进行实地考察，通过观察动植物、感受自然变化等活动，增强幼儿对自然的兴趣和保护意识。

② 构建自然化的学习环境。为了更好地开展自然教育，美国学前教育机构注重为幼儿构建自然化的室内外学习环境。这些环境包括自然化的教室布置、户外探索区、花园等，旨在为幼儿提供丰富的自然体验资源。例如，一些幼儿

---

[1] 李生兰.美国学前教育机构崇尚自然的教育及启示 [J]. 比较教育研究，2017，39（10）：97—105.

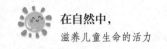

园会在园内开辟花园，让幼儿参与植物的种植和照料，通过亲身体验学习自然科学知识。

③ 设计多样化的课程内容。美国学前教育机构的自然教育课程内容丰富多样，涵盖了自然科学、生物科学和综合科技等多个领域。例如，自然科学包括天文、气象、化学、物理等知识，让幼儿了解自然现象和科学规律。生物科学涵盖对动物、植物、微生物以及人体的认识，培养幼儿对生命的尊重和保护意识。综合科技则通过认识人类创造的各种工具，激发幼儿的创新意识和创新精神。

④ 利用国家公园和自然保护区的教育资源。美国国家公园在自然教育中发挥了重要作用。许多国家公园提供丰富的教育项目，如实地参访、远程学习和专业发展方案等。例如，大峡谷国家公园提供多样化的课程，涵盖地质学、生态学、环境学等领域，课程内容丰富且免费开放。此外，国家公园还通过"小国家公园管理员"项目，鼓励幼儿通过完成任务获得徽章，激发他们对自然的兴趣。

⑤ 家庭与社区的参与。美国学前教育机构注重与幼儿家庭的密切合作，确保自然教育的成效。通过家长参与，幼儿能够在家庭环境中继续学习和实践自然教育的理念。此外，社区资源如农场、自然学校等也被广泛利用，为幼儿提供更多的自然体验机会。

⑥ 灵活的教学方法。美国学前教育机构采用灵活多样的教学方法，包括探究式学习、合作学习和项目导向学习等。例如，教师会提出问题，让幼儿通过实验或调研自行寻找答案，这种方式不仅提高了幼儿对知识的兴趣，也增强了他们独立思考和解决问题的能力。

⑦ 教师培训与专业发展。为了确保自然教育的质量，美国学前教育机构注重教师的培训和专业发展。通过提供专业培训课程和持续的在职学习机会，教师能够不断提升自己的专业素养，更好地引导幼儿进行自然学习。

⑧ 科技与自然教育的结合。美国学前教育机构还注重利用科技手段支持自然教育。例如，通过在线多媒体资源、远程教育和互动教学平台，幼儿可以在课堂上接触更广泛的自然知识。尽管美国学前教育机构在自然教育方面取得了显著进展，但仍面临一些挑战，如资源分配不均、城乡差距等。然而，随着科

技的发展和政策的支持，自然教育在数字化和在线学习方面有了更多创新机会，能够更好地满足不同幼儿的需求。

（2）丹麦自然体验教育①

丹麦的自然教育理念深受卢梭、皮亚杰、加德纳等教育理论家的影响，强调以幼儿的现实生活和自然环境为出发点，通过体验和探索构建知识。丹麦教育注重"自然观察智能"，鼓励幼儿通过多种感官感知自然，并使用真实工具进行探索。

① "大本营模式"。丹麦幼儿园常采用"大本营模式"，即每周带领幼儿前往同一个自然场所，如森林、海滩或公园。这种模式旨在让幼儿与自然建立亲密关系，通过多次访问同一地点，进行观察、探索等活动，增强幼儿对自然的归属感。

② 实现幼儿、环境和行动的统一。丹麦学前教育注重发掘自然环境的多重功能，构建支持幼儿进行有意义活动的环境。无论是传统幼儿园还是自然幼儿园，都强调幼儿在自然环境中的自由游戏和探索，实现幼儿、环境和行动的统一。

③ 联结自然与学习目标。丹麦教师会根据长期课程计划和学习目标，将自然教育与幼儿的发展需求相结合。例如，在复活节主题活动时，教师会引导幼儿收集野花，借此机会教授植物分类、观察和描述等知识。

④ 风险规避与评估。丹麦自然教育中包含风险规避和评估的学习。许多自然幼儿园没有围墙，但设有无形的边界，如标记树或河流。教师引导幼儿学习如何评估风险，确保在自由探索的同时保障安全。

⑤ 家庭与社区的参与。丹麦学前教育强调家庭和社区的参与。家长委员会与教师共同负责活动环境的规划和组织，家长还会参与"周末工作日"，与教师一起维护户外资源。

⑥ 尊重幼儿的天性。丹麦学前教育非常注重尊重幼儿的天性，鼓励幼儿在

---

① 钟成海.丹麦森林学校教学法初探 [D]. 福州：福建师范大学，2017.

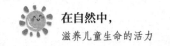

自然环境中自由探索和游戏。丹麦幼儿园通常没有统一的排队或起床时间，幼儿可以根据自己的节奏参与活动。

⑦ 文化与社会价值观的支持。丹麦社会文化对自然教育的支持体现在父母对自然活动的积极态度和对教师专业能力的信任。丹麦父母认为户外活动对幼儿的成长至关重要，这种文化背景为自然教育的实施提供了良好的社会基础。丹麦是世界上最早建立自然幼儿园的国家，这些幼儿园通常位于森林、海滩或公园附近，幼儿大部分时间在户外活动，在自然环境中学习和成长。幼儿园鼓励幼儿在户外进行各种游戏和探索活动，如爬树、玩泥、骑车等，这些活动不仅锻炼了幼儿的身体，也增强了他们对自然的感知能力。

丹麦学前教育通过"大本营模式"、家庭与社区的参与、风险评估教育等方式，将自然教育融入幼儿的日常生活，促进儿童的全面发展。

（3）挪威自然体验教育[①]

挪威学前教育在自然教育方面具有独特的理念和实践方式，强调通过自然环境促进幼儿的全面发展。

① 政策支持与框架计划。挪威政府高度重视学前教育中的自然教育，通过政策文件和框架计划为自然教育提供支持。2006年，挪威教育部颁布了《幼儿园教育纲要》，将自然科学教育称为自然、环境和技术教育，强调通过自然环境促进幼儿的全面发展。

② 户外活动与自然接触。挪威学前教育机构非常重视户外活动，认为这是幼儿亲近自然、体验自然的重要方式。幼儿园经常组织幼儿进行户外探险、野营、徒步旅行等活动，让幼儿在自然环境中学习和成长。这种教育方式不仅提高了幼儿对环境的理解，还增强了他们的身体素质与社交能力。

③ 自然教育的核心理念。尊重自然，热爱生命：教育幼儿尊重自然环境，培养他们对生命的热爱和保护意识。亲身实践，主动学习：通过亲身实践和探索，让幼儿主动学习自然科学知识。整体经验，全面发展：注重幼儿在自然环

---

① 叶通贤，徐泽贵. 挪威学前教育的特点与省思 [J]. 铜仁学院学报，2020，22(1): 40—44.

境中的整体经验，促进其身心全面发展。

④ 家庭与社区的参与。挪威学前教育强调家庭和社区的参与，认为教育不仅是学校的责任，家庭和社区在幼儿教育中也扮演重要角色。家长与教育机构密切合作，共同为幼儿创造良好的学习环境。

⑤ 教师培训与专业发展。挪威注重教师的培训和专业发展，通过提供专业培训课程和持续的在职学习机会，提升教师在自然环境中进行教学的能力。

⑥ 自然幼儿园的实践。挪威有许多自然幼儿园，这些幼儿园通常位于自然环境优美的地区，如森林或海滩附近。自然幼儿园的日常活动大部分在户外进行，幼儿通过与自然的亲密接触，学习自然科学知识和环境保护理念。

⑦ 自然教育的评估与反馈。挪威的自然教育注重评估与反馈，通过观察和记录幼儿在自然环境中的表现，教师能够更好地调整教学策略，满足幼儿的个体需求。

挪威学前教育通过政策支持、户外活动、家庭与社区参与以及教师培训等方式，不仅促进了幼儿的全面发展，还培养了他们对自然的热爱和保护意识。

（4）日本自然体验教育 ①②③

与欧美国家相比，日本学前教育中的自然教育强调幼儿与自然、同伴、事物之间的和平、尊重与共生。这种教育理念注重通过自然环境促进幼儿的全面发展，培养幼儿的忍耐力、自控力、协作能力、共情力和自我认同能力等"非认知能力"。具体的活动类型与开展策略包括：

① 种植饲养型活动。围绕幼儿常见的植物和动物开展，常以年为单位进行连续的观察与体验。例如，种植郁金香、牵牛花、向日葵等植物，以及饲养金鱼、鹦鹉、兔子等动物。这些活动不仅可以让幼儿学到自然科学知识，还培养

① 姜凤姣 . 日本幼儿园户外活动现状及启示 [J]. 大连教育学院学报 , 2016, 32(2): 44—46.
② 叶平枝 . 日本学前教育的特点及启示——基于对东京七所幼儿园的分析和思考 [J]. 教育导刊（下半月）, 2018(9): 5—8.
③ 自然教育在日本 | 日本自然教育行业发展现状及趋势 [EB/OL]. (2019-06-20) [2025-02-05]. https://www.lvziku.cn/article/1337.

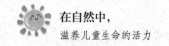

幼儿的团结意识与合作理念。

②户外冒险教育。在野外或类野外环境中安排具有一定风险和挑战性的活动，如攀岩等。例如，宫之丘森林幼儿园每年7月的"露营日"，幼儿可以探索日落后的森林、小溪和草地等自然环境。

③基于自然的自由游戏。幼儿每天有一定时间在户外自由游戏，教师会介绍自然科学知识或提供各类小工具供幼儿游戏。随着季节变化，幼儿可以与大自然产生不同的互动。

④园艺营养教育。在教室外种植和收获新鲜食物，如蔬菜和水果，幼儿可以参与播种、除草、采摘等活动，并将收获的蔬菜作为午餐食材，学习烹饪。

⑤动物辅助教育。一些幼儿园提供常规的骑马课程，幼儿可以体验骑马的乐趣，并轮流照顾马匹。

日本幼儿园注重户外环境的创设，提供丰富的自然材料和设施，如沙池、水池、攀爬架等，鼓励幼儿在自然环境中自由探索和游戏。例如，宫之丘森林幼儿园通过参与式设计，师生共同建造了自然池塘、石桥、屋顶花园等设施，增强了幼儿的参与感和成就感。教师在自然教育中扮演着重要的角色，不仅是活动的组织者，更是幼儿的引导者和支持者。教师通过观察和引导，帮助幼儿更好地参与活动，促进其全面发展。同时，日本学前教育强调家庭和社区的参与，认为教育不仅是学校的责任，家庭和社区在幼儿教育中也扮演着重要角色。家长和社区成员积极参与幼儿园的活动，共同为幼儿创造良好的学习环境。因此，日本自然教育的最大特色是扎根于当地，自然学校不仅开展自然体验，也把当地的文化体验、生活体验融入活动中，同时积极地参与当地社会的建设。日本学前教育通过多样化的自然教育活动、丰富的户外环境创设、教师的有效引导以及家庭和社区的积极参与，在自然教育中潜移默化地促进儿童的全面发展。

2. 国内自然体验教育的实践与研究

与美国、日本等国家相比，中国的自然教育起步较晚，发展相对滞后。自2010年以来，自然教育在国内逐渐受到重视，但理论研究、实践探索和全民推广仍存在较大发展空间。截至 2019 年，中国自然教育委员会授牌了 20 个自然学校（基地），部分地区已形成独具特色的实践模式，如广东海珠湿地自然教育模式。一些学校开始将自然教育融入课程体系，开发自然体验特色校本课程，如北京青野生态等机构与自然保护区、科研机构合作，将科研成果转化为特色自然教育课程。

北京师范大学黄宇教授在其专著中提出，自然体验学习是以大自然为媒介、以自然体验活动为主线的各类教育的总称[①]。学者谢依桐认为自然体验教育是指利用本地区的自然生态资源开展丰富多样的活动，短时的有野营、参观、郊游等一日或数日的体验活动，长期的如夏令营、冬令营活动。学者徐凤雏（2020）在其研究中指出，自然体验教育就是以自然环境为场所，通过有目的、系统的体验性活动方式使学生获得直接经验，从而习得综合性知识、提高实践能力并与自然建立深刻的情感联结的教育形式。学生在与自然交往的过程中，解放了天性，获得了对自然的归属感，并通过体悟自然的过程达成自然意义的建构与生命的成长。自然体验的过程对于幼儿的身心发展和精神成长十分有益，幼儿在自然中获得了直接经验，才能够产生热爱自然的情感，学会关心自然，同时在这个过程中也获得了对自我生命、自然生命的充分感知。

3. 冰厂田滴水湖幼儿园的"自然体验"

冰厂田滴水湖幼儿园先后结合生态学理念和具身认知理论来开展关于自然体验活动的实践研究，在理论与实践相结合的行动研究过程中[②]，将"自然体验"（Nature Experience）定义为一种通过亲身参与和感受自然环境，以促进个体身心发展、增强对自然的理解和保护意识的教育活动。它强调在自然环境中进行直接的体验和互动，帮助人们建立与自然的紧密联系，培养对自然的敬畏、尊重和热爱之情。以下是"自然体验"的几个核心要素和特点的表述。

核心要素包括：（1）亲身参与。自然体验强调个体直接参与自然活动，如

---

① 黄宇. 自然体验学习 [M]. 上海：上海教育出版社，2021.

② 岳伟，徐凤雏. 自然体验教育的价值意蕴与实践逻辑 [J]. 广西师范大学学报（哲学社会科学版），2020(2).

徒步旅行、野营、观察动植物、户外游戏等。通过亲身参与，人们能够更真切地感受自然的魅力和力量。（2）多感官体验。自然体验不仅限于视觉，还包括听觉、嗅觉、触觉和味觉等多种感官的参与。例如，聆听鸟鸣、嗅闻花香、触摸树皮、品尝野果等，这些丰富的感官体验能够增强人们对自然的感知和理解。（3）情感连接。自然体验注重情感的投入和连接。通过在自然中的活动，人们能够放松身心，缓解压力，同时培养对自然的深厚情感。这种情感连接有助于激发人们保护自然的意识和行动。（4）教育意义。自然体验不仅是娱乐活动，还具有重要的教育意义。它可以帮助人们学习自然科学知识，理解生态系统的运作，培养环保意识和责任感。

从上述核心要素的剖析可以看到，自然体验有以下特点：（1）自然环境。自然体验通常在自然环境中进行，如森林、海滩、山脉、草原等。这些环境为人们提供了丰富的自然元素和生态场景。（2）互动性。自然体验强调人与自然之间的互动，而不是单纯地观察或欣赏。例如，参与自然游戏、进行生态探险、开展自然艺术创作等，都能增强人与自然的互动性。（3）个性化。自然体验可以根据不同个体的兴趣和需求进行设计，具有很强的个性化特点。无论是儿童、青少年还是成人，都可以在自然体验中找到适合自己的活动方式。（4）持续性。自然体验不仅是一次性的活动，还可以通过长期的参与和实践，形成持续性的学习和成长过程。例如，定期参加自然观察活动、参与环保项目等。

通过幼儿园的实践探索与总结，发现幼儿获取自然体验主要有以下途径：（1）自然观察。通过观察动植物、自然现象等，了解自然界的奥秘。例如，观察鸟类的迁徙、植物的生长过程等。（2）户外探险。包括徒步旅行、登山、野营等，通过在自然环境中挑战自我，增强身体素质和意志力。（3）自然游戏。通过游戏的方式，让参与者在自然中玩耍和学习。例如，捉迷藏、自然寻宝游戏等。（4）自然艺术。利用自然材料进行艺术创作，如绘画、摄影等，表达对自然的热爱和感悟。（5）生态教育活动。通过参观自然保护区、参加生态讲座、参与环保项目等方式，学习生态保护知识。

二、为何教育要回归自然

（一）教育回归自然是实现幼儿身心健康发展的最佳途径

大量研究证实，幼儿的户外活动量与身体健康程度之间存在着显著的关联。理查德·洛夫 ① 在其著作《林间最后的小孩：让我们的孩子远离自然缺失症》中指出，"纯粹的游戏"在当今注重成功的文化中常被视为浪费时间，而室内游戏逐渐取代了创造性游戏，导致幼儿与自然的隔离，从而引发了"自然缺失症" ②。这种状态与注意力缺陷、感官能力减弱以及更高的身心患病率有关。在当前大量幼儿存在"自然缺失症"的背景下，青少年的肥胖问题和心理健康问题愈发突出，而户外活动对幼儿社交能力的积极影响也不容忽视。

1.青少年生理健康问题日益突出

例如肥胖和近视等。2024 年 5 月，第十届中国肥胖预防控制科学大会在北京举行，大会公布的数据显示，近年来，我国各年龄组超重肥胖率均呈快速增长趋势 ③。其中，6 岁以下儿童超重和肥胖率达到了 10.4%，而 6—17 岁青少年的超重和肥胖率达到了 19%。肥胖是糖尿病、肿瘤、骨关节疾病等多种慢性病的重要危险因素，与维持健康正常体重人群相比，超重肥胖人群的心血管事件发生风险升高 122%。此外，肥胖还会影响青少年的睡眠质量和注意力水平。同时，青少年近视问题也日益严重，户外活动时间的减少被认为是导致近视率上升的重要因素。

2.青少年心理健康问题刻不容缓

例如抑郁和社交障碍等。尽管上海市精神卫生中心党委书记谢斌指出，我

---

① 理查德·洛夫 . 林间最后的小孩：让我们的孩子远离自然缺失症 [M]. 美同，海狸，译 . 北京：北京联合出版公司，2022.

② 付文中 . 儿童自然缺失症略论——基于英国学界的文献考察 [J]. 江苏教育学院学报：社会科学版，2021，37（2）：37—44.

③ 中华人民共和国中央人民政府 . 国务院新闻办就《中国居民营养与慢性病状况报告（2020 年）》有关情况举行发布会 [EB/OL].(2020-12-24)[2025-04-01]. https://www.gov.cn/xinwen/2020-12/24/content_5572983.htm

国青少年抑郁症患病率约为 2%，但根据中国科学院心理研究所发布的《中国国民心理健康发展报告（2021~2022）》，中国青少年群体中有 14.8% 存在不同程度的抑郁风险[①]。基于我国庞大的人口规模，这意味着有超过 300 万青少年受到抑郁症的困扰。部分患者存在故意隐瞒的情况，如"微笑型抑郁症"，这影响了检出的准确度，且目前抑郁症的就诊比例仅为 9.5% 左右。此外，社交障碍问题也逐渐凸显，青少年在社交互动中表现出更多的焦虑和回避行为。

3. 自然体验对幼儿心理健康的积极影响

自然体验对幼儿的心理健康具有显著的疗愈和防治作用。研究表明[②]，真实地接触大自然对幼儿和成人的身体健康和情感健康有诸多益处，幼儿在生命早期与大自然建立连接至关重要。例如，户外游戏空间与缓解注意力缺陷多动障碍等行为与情感障碍之间存在很强的正相关。亲近自然的幼儿更具有创造性，压力更小，能更好地集中注意力，身体更灵活，并且能更积极地与他人互动[③]。自然体验对幼儿心理健康的影响主要体现在以下几个方面：

（1）缓解压力与情绪调节

自然环境能够迅速激发幼儿的积极情绪，减少消极情绪，并释放压力。例如，Sudimac 等人的研究发现[④]，人们在大自然中漫步 1 小时后，与压力有关的脑区（如杏仁核）的激活程度显著降低。这种情绪的改善有助于幼儿在后续的活动中保持良好的心态。

亲近自然可以改善幼儿的情绪状态，减少焦虑和抑郁情绪。例如，克丽斯廷·恩格曼博士等人的研究显示[⑤]，在早期（10 岁前）经常接触绿色空间并继

① 中国网·文化中国.2022 中国国民心理健康报告：青少年抑郁风险高于成年 [EB/OL].(2023-02-25）[2025-04-01].http://cul.china.com.cn/2023-02/25/content_42272521.htm.
② 张海洋.基于自然教育的幼儿园景观设计研究 [D]. 南京：东南大学，2019：8.
③ 王玉金.亲自然体验中促进幼儿合作行为发展的探索与实践——以大班亲自然体验活动"开心农场"为例 [J]. 教师，2021（23）：79—80.
④ Sudimac S, Sale V, Simone Kühn. How nature nurtures: Amygdala activity decreases as the result of a one-hour walk in nature[J]. Molecular Psychiatry, 2022, 27(11):7.
⑤ 中国教育服务网.研究揭示：童年接触自然，有益成年后的心理健康 [EB/OL].（2025-03-10）[2025-05-10].https://baijiahao.baidu.com/s?id=1826103553312855634&wfr=spider&for=pc.

续保持这种习惯的幼儿，进入青春期和成年期后患上精神疾病的概率降低了15%~55%。

（2）提升注意力与认知功能

自然环境具有独特的恢复功能，能够显著提高幼儿的注意力。例如，Amicone 等人的研究指出 [①]，在自然环境下进行课间休息时，幼儿的注意力资源有所增加，而在建筑空间中休息的幼儿，其注意力不升反降。自然体验还可以促进幼儿的自我调节和专注力的发展。绿色空间被认为可以同时促进自我调节和专注力，因为它通常会激发一种平静、温和的认知参与。

（3）增强社交能力

自然体验有助于提升幼儿的社交意愿和社交质量，减轻孤独感和社会支持不足的感觉。例如，理查德·瑞安（Richard M. Ryan）等人的研究提出 [②]，当幼儿沉浸于自然环境之中时，他们的亲社会行为（如友善、包容等）会有所增加，进而能够弱化以自我为中心的倾向。亲近自然可以强化幼儿的社交能力，帮助他们更好地与他人友好相处，即使在棘手的状况下，也能秉持宽容与合作的态度。

（4）促进情感发展

自然体验具有改善情感发展轨迹的功能。亲近自然可以促进幼儿的情感发展，使他们更关注集体而减少对自我的过度关注。

（5）提升决策能力

自然体验可以扩大幼儿的空间感知，减少冲动决策。亲近自然能够帮助幼儿更好地处理复杂的思考和决策，并促使他们关注长远利益而非即时回报。

这些影响有助于幼儿在成长过程中建立良好的心理素质，为他们的全面发

---

① Amicone G, Petruccelli I, Dominicis S D, et al. Green Breaks: The Restorative Effect of the School Environment's Green Areas on Children's Cognitive Performance[J]. Frontiers in Psychology, 2018, 9: 1—15.

② Richard M. Ryan, Weinstein N, Bernstein J, et al.Vitalizing effects of being outdoors and in nature[J].Journal of Environmental Psychology, 2010, 30(2): 159—168.

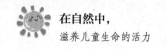

展打下坚实的基础。

4.自然体验对幼儿生理健康的积极影响

自然体验对幼儿的身体健康具有显著的促进作用。在自然环境中接触有益微生物和其他抗原，能够对幼儿的免疫功能产生积极影响。例如，植物释放的植物杀菌素能够降低血压、调节自律神经活动、增强免疫力。自然环境提供了丰富的户外活动空间，如公园、森林、海滩等，这些场所是幼儿进行体育锻炼和户外游戏的理想之地。在自然环境中进行的活动，如奔跑、跳跃、攀爬等，有助于增强幼儿的体质，促进骨骼发育，提高免疫力。此外，自然环境具有天然的治愈力，能够缓解幼儿在学习和生活中积累的压力，减轻焦虑和抑郁情绪。自然体验活动对幼儿近视的防治也有助益。在自然环境中，幼儿可以远眺绿色的树木和草地，有助于缓解眼部疲劳，增加远视储备，预防近视。一位插班生家长就曾在孩子就读冰厂田滴水湖幼儿园一个学期后，对教师说，户外活动真的很好，本来孩子是在矫正视力的，经过一学期自然体验活动的课程，他已经有一定的远视储备了，不用佩戴矫正镜了。这正是自然体验活动助益幼儿健康成长的最典型的案例。

综上所述，教育回归自然对幼儿的身心健康具有显著的积极影响。随着"自然缺失症"的日益普遍，青少年的肥胖和心理健康问题愈发突出，自然体验活动的重要性愈发凸显。增加幼儿的户外活动时间，提供丰富的自然体验，可以有效促进幼儿的身体健康和心理健康，预防肥胖和近视等问题，同时提升他们的社交能力，为他们的全面成长打下坚实的基础。

（二）教育回归自然是课程改革深化的必然选择

卢梭提出的自然教育理念认为，大自然是儿童最好的老师，能够帮助儿童建立自我认知，提升自理、自立、自信和自强的能力[①]。陈鹤琴先生[②]也强调，空气、日光是生命的根源，运动、游戏是健康的要素，并提出自然可以发生审

---

① 郑琦.卢梭的自然教育思想及其启示[J].河南理工大学学报：社会科学版，2020，21(1)：20—25.

② 陈鹤琴.陈鹤琴"活教育"幼儿园教师实用手册[M].南京：南京师范大学出版社，2017.

美的观念、博爱的同情，于小孩子的性情知识都有很大的补助。他在 1927 年就提出幼儿园要注意户外资源的利用，要以自然课为中心来编制课程。

随着课程改革的不断深入，教育界开始更加关注户外活动和户外课程的建设。《上海市学前教育纲要》中指出，课程实施的中心环节是因地制宜地创设适合儿童发展的、积极的、支持性的环境。教师要根据儿童的兴趣、爱好、需要和发展水平，将周围的自然环境、社会环境作为发展儿童的重要资源。近年来，上海市教委教研室徐则民主任也多次强调，幼儿园要用好身边没有门槛的自然资源 ①。越来越多的研究表明，"与有着四面墙的教室相比，户外是更强大、更有效的学习与发展环境"。自然体验活动对幼儿的动作、情绪情感、认知、社会交往、合作能力、创造力等各方面都有助益。因此，许多国家都开办了"森林学校""自然学校"，让更多幼儿能够在更优质的环境中学习和成长。

美国学者露丝·威尔逊在《幼儿园户外创造性游戏与学习》一书中提到，"森林学校"在提升学生自尊心、自信心、良好的情绪状态、专注力、坚持协作能力和积极性方面具有显著效果。英国的"早期奠基阶段"（EYFS, Early Years Foundation Stage）更是要求所有机构承认幼儿户外学习的重要性。

近年来，"教育回归自然"在国内的呼声也越来越高，越来越多的教育工作者将自然教育的理念引入学校，借助园内外有限的资源来支持幼儿在大自然中的学习。然而，陈欢博士在《没有围墙的幼儿园：基于自然的幼儿教育指南》一书序言中深刻指出，当前许多学校的自然教育存在诸多问题：一方面，难以让儿童与自然中的其他生命建立深层次的情感连接；另一方面，儿童缺乏用自己的方式探索和寻找答案的机会，而且碎片化、创可贴式的自然教育活动无法触及儿童的全面发展与整体发展。

在当今追求高质量发展的课程改革中，更加强调幼儿园课程内容，应更多关注幼儿的生活世界，以幼儿的兴趣为指向，整合多领域的内容，为幼儿提供完整的经历与体验。近年来，冰厂田教育集团也开始研究"幼儿完整经验发展

① 上海市教育委员会．上海市学前教育课程指南 [M]．上海：上海教育出版社，2024．

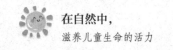

取向的课程实践"①，旨在让幼儿在生机勃勃的真实世界中持续体验有意义的事件和经历。只有这样，幼儿园课程才会因为蕴含着幼儿的个体经验而变得鲜活、生动、富有感召力，从而成为建构幼儿的现实生活和未来生活的桥梁和纽带。回顾多年来开展自然体验活动的经历和成效，可以明确，自然体验活动的实践是践行课程改革的最佳选择和最优路径。

（三）教育回归自然是对教育本质的不懈追求

在制订学校发展规划和调整课程方案的过程中，核心问题始终围绕着培养目标与教育本质的探讨。教育的本质并非仅仅是生产力的提升或为未来社会培养人才，而应是促进个体生命的成长与发展的过程。教育的根本目的在于让每个学生都能展现自己的独特价值和潜力。在人工智能时代，未来的不确定性要求教育尊重个体的天性和潜能，培养具有持久学习力和适应能力的人。

2021 年，冰厂田滴水湖幼儿园的办园理念调整为"看见儿童的力量，润泽生命的活力"，课程理念调整为"让每一颗水滴在阳光下自然灵动"。该理念旨在通过三年的幼儿园教育，培养健康、善良、阳光、坚韧、有责任感、有担当、有智慧、有勇气、能自主且善于协作的幼儿，使其具备持久的学习力和发展潜力。这些调整正是对教育本质的有力回应。

首先，教育回归自然意味着尊重人的天性。每个人的成长和发展都有其内在的节奏和规律，教育应当顺应这些规律，而不是试图改变或扭曲它们。自然教育作为一种契合教育本质的教育方式，以生动的姿态呈现于幼儿生活的各个方面，激发幼儿的感官和好奇心，促进其学习力和运动力的发展。

其次，教育回归自然强调个体经验的重要性。具身认知理论指出，认知基于身体，根植于情境，认知、身体和环境是不可分割的整体。个体在与环境互动的过程中产生的感觉运动信息，会在大脑中储存并对认知过程产生影响。知识的获取不仅依赖于书本或教师的传授，更依赖于个体的亲身实践和体验。个

---

① 姚健.每个儿童都是有力量的学习者：儿童视角下的幼儿园课程实践与探索 [M].上海：上海教育出版社，2022.

体的经验动态影响着环境的改变，推动幼儿能力的螺旋上升。自然情境为幼儿提供了多元的材料和积极的回应，激发幼儿的探索欲望，丰富其个体经验①。

此外，教育回归自然是对"一日活动皆课程"理念的最好诠释。在自然环境中，教育渗透在一日生活的每一个瞬间，从一片落叶的飘落到一缕花香的偶遇，从一片云朵的动向到一只动物的行踪，每一个感知体验都值得被激发和唤醒。这样的课程不仅能够捕捉到对幼儿品德、情感、意志等培养的契机，还能通过多样化的教育支持，促进幼儿在体验中成长，在成长中感悟，逐步培养他们的责任感、同情心、合作精神等社会品质。亲近自然有助于培养幼儿的环保态度和生态身份，即如何看待自己与大自然之间的关系，培养他们对大自然的敬畏和热爱之情②。教育回归自然正是对教育本质的一种深刻理解和不懈追求。

三、自然与幼儿发展

（一）自然与幼儿的健康发展

理查德·洛夫在《林间最后的小孩：让我们的孩子远离自然缺失症》中指出，大量实验证实接触自然对人类的一些慢性病及精神疾病的治疗有显著影响。例如，受试者通过鱼缸赏鱼时血压显著下降，病房窗外是树林的患者比窗外是砖墙的患者更快出院。对于幼儿而言，大自然是其生活、学习和游戏的世界，亲近自然的益处在幼儿发展的每个领域都显而易见。美国国家环境健康中心霍华德·弗鲁姆金博士表示，大自然中的玩耍对幼儿有特别的益处，使幼儿更活跃，这在幼儿缺乏身体活动和普遍超重的时代尤为重要。此外，挪威、瑞典等国的研究表明，户外玩耍不仅能控制体重，还能提高幼儿的运动能力，特别是在平衡和敏捷方面。亲近自然还可以提高幼儿解决问题的能力和观察能力，培养好奇心。

"为何教育要回归自然？"一节已经论述了自然环境对幼儿的健康发展具有多方面的积极影响，此处不再赘述。

---

① 李新展. 基于自然主义教育思想的幼儿园自然教育 [J]. 学前教育研究，2022（9）：83—86.
② 理查德·洛夫. 林间最后的小孩：让我们的孩子远离自然缺失症 [M]. 美同，海狸，译. 北京：北京联合出版公司，2022.

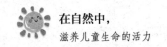

（二）自然体验对幼儿全面发展的价值

自然体验活动对幼儿的身心发展具有深远价值，不仅促进智力、情绪情感、精神和身体的发展，还为幼儿的跨领域探索和学习以及全面的终身成长提供可能，使幼儿成为完整的人。

1. 培养好奇心

好奇心是驱使幼儿自主学习的原动力。《上海市学前教育纲要》将"好奇探究"作为学前教育的重要任务之一，强调好奇心对儿童发展的重要性。柏拉图曾指出，好奇心是知识之母。陈鹤琴先生也提出，好奇心对儿童的发展和文化造就具有巨大影响力。然而，在日常生活中，人们常常忽视这一能力，甚至将幼儿的好奇心视为对成人权威的挑战。这种现象可能是中国培养出众多学习能力强的高端人才，但鲜少有人获得诺贝尔奖的原因之一。大自然是培养幼儿好奇心的天然场所。

2. 提升幼儿的学习力

近年来，教育界强调"儿童是有能力的学习者"，但幼儿的学习力并非凭空产生。基于幼儿学习的独特方式，传统的教师主导、预设为主的学习方式无法使幼儿成为"有能力的学习者"。通过在大自然中亲自观察和体验，幼儿能够逐渐成为有能力的学习者。当信息以动手操作的方式成为现实，幼儿更容易理解，这种方法提供了真正活的课程和机会。①陈鹤琴先生多次提出，应给幼儿充分的机会和适当的刺激，使其多与万物接触，从而形成"活教育"的理论。大量研究表明，自然体验活动为幼儿提供了创造性学习与游戏的机会，支持他们在开放多元的大自然中获得无尽的资源和机会，提升观察能力、科学探索能力、动手操作能力、逻辑能力等全方位的科学素养。

3. 培养幼儿积极的情感态度、优良的品质和公民意识

我国学前教育一直强调"以德为先"，《上海市学前教育纲要》也强调培养

---

① 艾瑞尔·克罗斯．如何让儿童在自然中学习 [M]．柯星如等，译．北京：教育科学出版社，2022：6.

健康活泼、好奇探究、文明乐群、勇敢自信、有初步责任感的面向二十一世纪的儿童。自然体验活动为这些道德品质的培养提供了自然且多元的空间。通过与自然界的动植物互动，幼儿可以学会尊重生命、理解他人的感受，从而培养出同理心。这种同理心不仅有助于幼儿建立良好的人际关系，还能增强他们的社会责任感。自然体验活动还为幼儿提供了大量的劳作和动手操作的机会，养成良好的劳动意识和能力。在自然体验的合作互动中，幼儿潜移默化地养成了协商、分工等重要的社会交往能力。在反复试错的过程中，幼儿自然而然地学会了积极面对失败。对幼儿来说，在大自然中反复试错也是"玩耍"的一部分，幼儿往往喜欢挑战和冒险，太简单的活动反而不能引发他们的兴趣，而在挑战和冒险的过程中，幼儿又自然地培养了勇气和不断挑战自我的坚毅力量。在自然环境中，幼儿通过解决各种问题（如搭建帐篷、寻找昆虫等）来锻炼自己的能力和智慧，从而逐步获得成就感和自信心，获得自主成长的强大动力。

此外，大量研究表明，环境保护的责任意识、情感行为和户外活动的实践之间具有关联性。当幼儿频繁并直接获得自然和户外体验时，他们更可能表达出对自然的热爱，并产生保护自然的愿望。

4. 成就每一个更好的孩童

在开展自然体验活动的实践中，特别是在强调学前教育要追求"幼有善育""成就每一个"的高质量发展要求的当下，自然体验活动的开展不仅是课程改革的必然趋势，更是成就每一个更好的孩童的最优路径。每一个幼儿都是独一无二的个体，他们有各自的个性特点、不同的发展水平和发展速度，加上每个幼儿来自不同的家庭，家庭的教育理念、家庭成员的教育背景和职业背景等都不尽相同，要在集体活动中成就每一个幼儿其实是非常困难的。但自然体验活动的开展为"成就每一个"提供了多元灵动的机会和空间。

同样是在散步时捡拾落叶，有的幼儿对落叶的颜色感兴趣，有的幼儿对落叶的叶缘感兴趣，有的幼儿发现了落叶上的小虫子……幼儿本真地在大自然的研究活动中显露自己的喜好和探究兴趣，甚至幼儿也知道如何去研究。不怕失败，反复试错，原本就是幼儿探究事物过程的一部分。正如爱迪生所说：我从来没有失败过，我只是发现了 1000 种行不通的方法。曾有专家说："幼儿的思维是最接近科学家的。"这不代表幼儿的认知水平能够达到科学家的水平，而是在于对错误和失败的认识和理解上。在幼儿的世界里，特别是对学龄前儿童来说，没有思维的束缚，一切皆有可能，万物皆有生命，正是这样的思维才使得他们愿意不厌其烦地进行各种尝试和探索，甚至可以一整天在林间嬉戏，在沙滩、大海边玩耍。事实上，他们对自己的学习最有发言权。这种学习方式有助于培养幼儿的自主学习能力和创新精神。

在创建儿童友好学校的过程中，教育工作者越来越意识到儿童享有决定自己学习内容和方式的权利。然而，传统教学模式常常忽略这一点[①]。陈欢博士在《没有围墙的幼儿园：基于自然的幼儿教育指南》一书中指出，许多幼儿教育工作者在实际互动中过于注重快速取得成果和答案，缺乏对幼儿学习过程的支持，最终剥夺了幼儿"变聪明的机会"。而自然教育的研究者们坚信，当教师愿意跟随自然的节律，站在幼儿身边慢下来，"和自然一起学习"时[②]，这些困境将逐步得到化解。

四、自然体验活动的理论根基

（一）陈鹤琴"活教育"：以自然为课堂的实践哲学

陈鹤琴先生提出了"大自然、大社会都是活教材"的观点。他主张打破传统的"书本中心"教育，倡导将课程内容与幼儿的实际生活相结合，让幼儿在大自然和社会环境中亲身体验和学习。这种课程理念有助于扩大幼儿的视野，增强他们的经验，并培养他们的观察力、想象力和创造力。

陈鹤琴先生认为，大自然是一部生动的教科书，它蕴含着无尽的奥秘和知识，等待着幼儿去探索和发现。在大自然中，幼儿可以观察到四季的更替、动植物的生长变化，感受到风、雨、阳光等自然现象的魅力，这些亲身体验能够

---

① 南钢，郭文霞．我国的儿童研究：现状、问题与路径 [J].当代教育与文化，2022，14（5）：23—29.

② 蕾切尔·A.拉里莫尔．没有围墙的幼儿园：基于自然的幼儿教育指南 [M].陈欢，译.北京：中国轻工业出版社，2025.

激发他们的好奇心和求知欲，培养他们的观察力和思考能力。

而社会则是另一个广阔的学习天地。社会是由人组成的复杂网络，其中蕴含着丰富的文化、历史、价值观和行为规范。陈鹤琴先生主张，让幼儿在社会中亲身体验和学习，通过参与各种社会活动，与他人交往互动，幼儿能够了解社会规则，学会合作与分享，培养他们的社交能力和团队精神。

受到陈鹤琴先生"活教育"理论的启发，我们鼓励教师挖掘大自然和大社会的教育资源，鼓励幼儿直接从这些广阔的环境中学习。大自然，包含动植物与各种自然现象，是儿童探索世界的天然宝库。我们引导幼儿关注周围环境，以此激发他们的多元兴趣，满足他们对知识的渴望，并锻炼他们的观察能力，激发他们的想象力和创造力。大社会，即丰富的人文环境，同样是幼儿成长的重要课堂，是幼儿学习的生动教材。

此外，在充分利用现有资源的基础上，幼儿园积极联合家长与社区，共同探索并开发临港独特的地域资源，并在共同努力的过程中，帮助家长形成科学的育儿观念，携手构建一个宽广生动、丰富多元的成长天地，让"活教育"的理念真正点燃我们的教育初心，引领幼儿走向更加美好的未来。

（二）具身认知：身体参与如何深化自然体验的真实性

具身认知理论的早期建构可追溯至国外学者诺曼（Norman）的奠基性研究。该理论突破了传统认知科学的二元论框架，创新性地指出人类认知系统具有双重本质属性：既非单纯的符号运算机制，亦非纯粹的生命有机体，而是通过身体图式与外界环境持续互动的过程中，逐步形成具有生存指向性的认知主体。莫里斯·梅洛-庞蒂（Maurice Merleau-Ponty）认为，认知始于"我能"而非"我认为"。"我能"是因为"我"是一个身体主体，而"肉身（flesh）"则成为"我"身体和世界事物的共同构成要素。杜威（Dewey）提出"从做中学"的教育思想，认为学生只有通过亲身参加的实践活动才能获得最有意义的知识。

关于具身认知理论的内涵，叶浩生等人认为可以从三个方面理解：第一，身体的物理属性决定了认知加工的过程是如何进行和发展的；第二，认知的内容也是由身体所提供的；第三，因为认知是具身的，而身体又是嵌入环境中的，

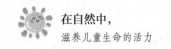

所以认知、身体以及环境这三者便形成了一个动态的统一体。

简而言之，具身认知理论认为认知是基于身体的，并且深深植根于我们所处的情境之中。它认为，认知、身体和环境是一个不可分割的整体。当我们运用身体与环境进行互动时，会产生丰富的感觉运动信息，这些信息会被我们的大脑储存下来，并对我们的认知过程产生深远的影响。

因此，具身认知理论给我们的启示是，教师如何才能更好地支持幼儿在户外活动中形成独特的感官体验并促进他们的全面发展呢？我们认为，教师首先需要更加熟悉幼儿的年龄特点、发展水平和学习兴趣，以便为他们打造一个充满互动与探索的赋能活动空间。这样的空间应该真正将户外打造成幼儿学习与发展的最优课堂，让幼儿在身心与自然共舞的过程中，调动已有的经验，专注而投入地探索外面的世界，探究他们感兴趣的问题和事物。其次，在幼儿亲身体验和探索的过程中，教师也要悉心观察幼儿的游戏行为，敏锐捕捉幼儿的游戏兴趣，科学判断幼儿的发展水平，以更好地进行环境和教育策略上持续、动态的支持，从而真正实现幼儿各方面发展的螺旋上升。

（三）生态心理学：自然环境对幼儿情感与社会性发展的隐性价值

生态心理学，尤其是布朗芬布伦纳（Urie Bronfenbrenner）的生态系统理论，为我们理解幼儿发展提供了一个全面的框架，其中自然环境作为生态系统的一个重要组成部分，对幼儿的情感与社会性发展具有不可忽视的隐性价值。

自然环境为幼儿提供了一个广阔而丰富的感官体验场所。山川、河流、森林、草地等自然景观，不仅让幼儿感受到自然之美，还能激发他们对生活的热爱和好奇。这种与自然界的直接接触，有助于培养幼儿的情绪调节能力。例如，在自然的怀抱中，幼儿更容易放松身心，缓解压力和焦虑，从而发展出更加稳定和健康的情感状态。

此外，自然环境中的变化和挑战，如天气的变幻、季节的更迭等，也为幼儿提供了适应和应对不同情境的机会。这些经历有助于培养幼儿的韧性和适应能力，使他们在面对生活中的困难和挑战时，能够保持积极和乐观的态度。

自然环境是幼儿进行社会互动和学习的天然场所。在户外活动中，幼儿可以一起探索、发现和分享，从而建立友谊和合作关系。这些经历有助于培养幼儿的社交技能和团队协作能力，使他们在未来的社会生活中更加自信和从容。同时，自然环境中的规则和限制，如不得破坏植被、不得伤害动物等，也为幼儿提供了学习遵守社会规范和道德准则的机会。这些经历有助于培养幼儿的责任感和公民意识，使他们在成长过程中逐渐形成正确的价值观和道德观。

第二章

基础构建：
自然体验活动的"环境赋能"

建园之初，园所只有几座钢筋水泥建筑和一片塑胶场地，是现代建筑业的快速产物，缺乏生机和人气。站在空空的操场上，我们开始思考，幼儿需要怎样的幼儿园环境？城市里的幼儿，生活的环境已经过多地被人造的环境、材料所包围，罹患"自然缺失症"的幼儿越来越多。但是，幼儿天生是有灵性的，他们需要亲近真实的天地、泥土、花草树木，接受大自然的滋养和呵护，和自然天地交互能量。我们心里渐渐有了清晰的想法——要让幼儿园里的绿色更多一点，自然野趣更多一点，变得更"自然"一点！

在这个阶段，陈鹤琴先生的"活教育"理论如一盏明灯，指引我们从"最小可行性"出发：教师带着幼儿用废旧轮胎围成花坛，用木箱搭建"移动种植角"，在屋顶开辟"天空菜园"。幼儿在松土时发现蚯蚓的尖叫，在雨天观察蜗牛爬行的专注，让我们坚信：自然体验的起点，不在于环境的完美，而在于能否唤醒幼儿与自然对话的本能。

一、突围：从无到有的空间变革

（一）地表更新：从塑胶场地到生态复合层

幼儿园原本的户外操场是一片塑胶场地，优势在于平整、容易维护，但是从幼儿体验的多元性来看，塑胶场地无疑存在严重不足。于是，我们铲除部分工业化塑胶地面，构建"草坪＋泥地＋沙水沟"的生态复合层，保留30%硬化地面作为骑行和运动场地，70%区域实现自然材质覆盖。因此，幼儿足底触觉刺激类型从单一增加至十余种，包括草茎摩擦、泥土湿润度感知、沙粒流动等，运动模式从平面跑跳扩展为攀爬、平衡、跳跃等多类自然动作发展。

　　此外，改造后的场地也让幼儿能够更多地亲近自然，感受草地和泥土真实的触感，他们在秋日暖阳下的草地上悠闲地野餐，在夏日雨中的草地上撑着伞踩水坑，发现从土里冒出来的蚯蚓和蘑菇……这些多元而有趣的体验，是一片塑胶场地无法提供的。

　　为了进一步丰富地面的多样性，为幼儿带来更多元的活动体验，我们还特别在小亭子处设置了坡道，挖出了一条小沟渠。

图 2-1　改造前的塑胶场地

图 2-2　改造后的复合型场地

在阳光明媚的日子里，幼儿会在沟渠里展开一场场刺激的野战游戏，匍匐前行，挑战独木桥。他们尽情地释放着活力，仿佛置身于一个冒险世界。而当雨水滴落，沟渠积满了水，幼儿便会聚集在沟渠附近尽情地玩水，他们在水中奔跑、跳跃，感受着水的清凉和快乐。这些沟渠不仅增加了场地的趣味性，更为幼儿带来了无尽的欢乐时光。地面的多样化设计带给幼儿多元的活动体验，幼儿在坡道上攀爬、走跑，在沟渠间跳跃。

图 2-3　幼儿在沟渠上玩耍

（二）空间重组：激活使用效能

宜浩部二楼的平台，原先是水泥地，一直闲置。为拓展自然空间，我们将这块场地改造成屋顶花园，里面种植了各种花草，铺设了草地。这块场地后来成为幼儿科学探究、游戏以及饭后散步的好去处。

图 2-4　宜浩部二楼的屋顶花园

我们还对活动室做了创新调整和实践，力求通过户外的开放式美工室，来激发幼儿大胆表达、表现美的发展需求。幼儿可以就地取材，与各类辅助美工材料相结合，创作出灵动的艺术作品来。

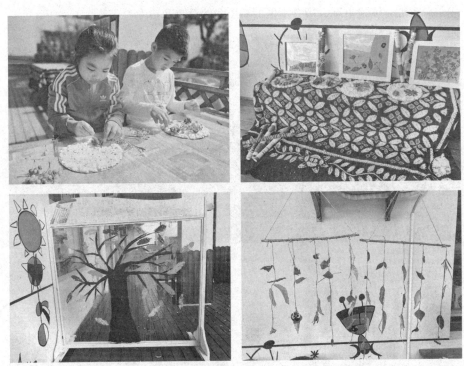

图 2-5　开放式美工室（1.0 版本）——艺术长廊

为了扩大幼儿的活动空间，并为他们提供更多与自然环境互动的机会，我们将原来的种植园地与沙池合并扩建为较大区域的沙、水、泥一体的活动区域。这一设计使幼儿能够更频繁地接触沙水，体验沙水带来的感官刺激。

图 2-6　种植园与沙池合并后的沙水池游戏区域

同时，宜浩部通过改造原先用于教师停车的区域，成功扩大了种植园地，这一改变不仅优化了空间，更为幼儿创造了更多参与种植、观察生命成长的机会。这些举措的实施，极大地丰富了幼儿的户外学习环境，让他们在动手操作中了解自然、体验生态，培养了他们对生命的尊重和热爱。

我们充分利用靠墙或草坪边缘的狭长场地，定制了各种双层木屋，上方空

图 2-7　教师停车场改建的种植区域

图 2-8　靠墙或草坪边缘的狭长场地定制的各种双层木屋

间进一步为幼儿户外活动提供了丰富的情境，下方空间则能用来收纳户外活动需要的各种材料。

（三）低成本种植模块：移动式花箱

为了增进幼儿对植物生长过程的认识，并便于他们进行日常照料，我们在幼儿园各处增设了多个可移动的种植花箱。种植花箱的设置既简便易行，又极具灵活性，能够根据幼儿的需求和植物生长的特定条件进行轻松移动。花箱由各班级认领，以定时定期的方式进行观察与维护。

图 2-9　移动式花箱

二、重构：提升环境的身体参与性

在园所的自然环境满足幼儿的基本活动需求的基础上，我们对户外空间进行重新布局和规划，力图让户外空间真正成为每个角落都走得进，每个区域都能游戏的欢乐天地。我们着力提升每个角落的体验感，营造沉浸式探索的氛围，从而增强幼儿在与自然互动中的参与度。

（一）野趣改造，让每个角落都能玩起来

为了增强幼儿户外活动的自然野趣体验，并进一步提升他们对环境的亲身参与感，我们对两部原有的户外环境进行了多次深度改造。

我们逐步缩小塑胶场地面积，不断拓展草坪面积，增加了高低不同的坡道。

图 2-10　2022 年宜浩部户外活动场地　　　图 2-11　2023 年宜浩部户外活动场地

起伏的地形变化，为幼儿提供了一个天然的游乐场所。他们在这里或奔跑、或钻爬，在坡道上滑草、滚球，甚至从草地上翻滚下来，感受野趣的冒险和快乐。

我们在其中一个"山坡"下添置了一个可供幼儿钻爬的通道。这些通道不仅激发了幼儿的探索欲望，也成了幼儿最爱的隐蔽处。他们可以钻进"山洞"，与朋友们一起玩捉迷藏，体验探险的乐趣；也可以在这里小憩、独处。

图 2-12　幼儿在坡道上进行不同的游戏活动

在另一处"山坡"下，我们打造了一个"霍比特人小屋"，可爱的小屋在幼儿的游戏中也是如此百变——春天，这里是春田花花屋；夏天，幼儿在这里种植各种菌菇；时而，这里是酒店，时而，这里又是小厨房。一年四季，小屋都有着不同的热闹景象。

为了给幼儿创造更多亲近自然的机会，我们还将一套大型运动器械从草坪迁移至木平台。我们也遵循低碳环保理念，对一些旧物进行改造和再利用。比如，有一棵移栽没能成活的树木，进行改造后便化身成为一个天然的大玩具，幼儿在上面过家家，玩平衡游戏，树木也在幼儿的游戏中延续大自然生生不息的生命力与活力。

图 2-13　山坡下的"霍比特人小屋"

图 2-14　原本在草地上的大型运动器械转移到了另一处木平台上

图 2-15　枯萎的大树化作幼儿户外游戏的玩伴

（二）一步一景，打造花园式生态

　　我们尽可能保证学校自然环境的多样性，逐步丰富园所内的植被种类，精心打造"一步一景"的花园式环境，以确保幼儿在一年四季都能获得不同的体验。我们持续优化植物的品种，春天有玉兰、海棠、迎春花；夏天有荷花、茉莉、紫藤花；秋天有菊花、桂花、三角梅；冬天有梅花、茶花、三色堇。我们还种植梨树、金橘、桃树、柿子等果树，以及果肉能做肥皂的无患子、果子可作食物的银杏、叶子极具观赏性的枫树等特色植物。近年来，我们也不断丰富适合幼儿养殖、照料的动物种类，如乌龟、鱼、蝴蝶、蚕宝宝、家禽、仓鼠、兔子、鹦鹉、鸽子等。让幼儿在大自然的浸润中成长，享受多元感知体验。

比如凌霄花长廊，当凌霄花盛开的时节，那一片绚烂的景象如同一块巨大的磁石，引来幼儿的目光。他们围聚在凌霄花下，时而热烈地讨论，比较着凌霄花与牵牛花外形的相似之处；时而研究凌霄花那弯弯曲曲的枝蔓；时而又会捡起掉落的凌霄花，放在手心里小心翼翼地摸一摸，感受着花朵的柔软与娇嫩；再凑近闻一闻，那淡淡的花香沁人心脾。还有的幼儿，会将凌霄花作为游戏的材料，发挥想象力，用花朵编织成花环，或者将花朵戴在头上，扮成小花童，在游戏中尽情享受着凌霄花带来的欢乐。

通过一系列精心改造的野趣空间，我们成功地为场地注入了更丰富的体验。

图2-16　一步一景

在这里，幼儿不仅能够亲身感受到大自然的美好，更能通过随手可得的多元材料在大自然中亲身参与，深入探索，不断加深与大自然的连接。这样的设计，无疑为幼儿打造了一个既充满乐趣又富有挑战的户外活动空间，让他们真正能随时随地在大自然中开展学习体验。

（三）巧思设计，充分调动五感体验

在完成了自然野趣环境的精心打造之后，我们不禁进一步深思，如何能让这片充满生机的乐园真正成为幼儿学习的天地呢？我们希望幼儿能够随时对感兴趣的事物进行深入探索，让好奇心和求知欲在这里得到充分满足。

活动中，我们鼓励幼儿充分调动全身的感官来进行感知和体验。如，我们在开展"有趣的气味"的主题活动中，投放了大量的嗅闻瓶、石臼、药碾子、剪刀等工具，鼓励幼儿通过各种方式让植物中的气味更好地散发和保留。又如，我们创设了烘焙室，提供简单的塑料刀具、榨汁机、基本调味料等材料，鼓励幼儿结合各类节气活动制作各类食物，进一步丰富其感知体验。幼儿在腊八节煮粥、制作糖蒜，在惊蛰榨梨汁，在谷雨煮绿豆汤，在小满做茶叶蛋……丰富的感受和体验激发了幼儿在自然中的学习热情，让幼儿在具身学习过程中得以自然灵动地成长。

除了直接组织丰富多元的活动来调动幼儿的多元感官以外，教师也通过多元材料的投放来隐性启发幼儿开展具身学习。比如，幼儿园会在每一个区域附近配备装有各类工具的小推车，为在不同区域活动的幼儿提供一些基本的探索、记录工具，如放大镜、不同类型的卷尺、镊子、绳线、纸、笔、记录板等，鼓励幼儿根据活动需要自主取用。

在一些特定区域，我们还会配备特定的工具，如在种植园地旁，我们配备了动植物标本、大小不同的篮子、托盘、种植用的各类小铲子、小水桶、长水管，还配备了昆虫捕捉器、捕虫网、显微镜等多元材料。在动物养殖区，我们还会根据不同的动物配备不同的工具，如在啮齿类动物附近配备防咬手套；在浴缸旁边放置专用的吸尘清理工具等。在确保安全的前提下，鼓励幼儿充分与自然互动。

图 2-17 不同区域中配备的各类探索工具和材料

　　能够激发幼儿五感体验的不仅是环境和工具，在实践中，我们发现绘本也是激发幼儿开展具身学习的催化剂。比如，幼儿会翻看《哦！中草药》等绘本，尝试在捣药、碾碎、用石头敲、用水煮等丰富的操作中探究不同中草药的特性；幼儿在观看《草莓》《向日葵》等绘本的过程中，尝试用放大镜观察植物细节，会通过切开比较、测量、数数等各种方式进行细致地观察、比较和探究，进一步了解植物的结构和生长特点；看绘本《叶子先生》时，幼儿会尝试将不同形状、颜色的落叶进行创意组合；而在观看了绘本《落叶跳舞》后，幼儿又会尝试简单拼贴后进行创意添画。看完绘本《泥巴书》《小泥人》，幼儿手中的泥巴蛋糕、泥巴画就应运而生了……在多元绘本的催化下，幼儿的游戏与探索行为往往会更多样。

图 2-18 不同区域中配备的相应绘本

三、升级：打造儿童友好的环境

如何让幼儿更加积极地参与园所环境的创设和空间的打造过程中来呢？我们应当重视每个幼儿的个性和独特性，尊重他们的选择和决定。只有这样，环境空间的打造才能真正实现"自主"，更好地促进幼儿的成长和发展。于是，在环境打造的过程中，我们更多地思考，环境的打造究竟可以给幼儿带来什么？这些体验是否可以真正满足幼儿的发展需要？是否能够触动他们内心对世界的好奇和热忱？

（一）无边界设计，打破室内外隔阂

室内外空间的联通可以给幼儿提供更多的学习机会。在宜浩部艺术长廊的启发下，我们进一步对宜浩部的活动室进行改造，包括半开放式的美工室和半开放式的科探室，为幼儿创造更多接触和体验大自然之美的机会。

首先，我们精心策划并重新布置了美工室，为幼儿创造了一个与自然亲密接触的环境。在这片开阔的空间里，幼儿可以尽情地观赏云朵、树木等自然元素，并通过绘画、手工制作等多种方式，表达他们对云朵、树木之美的独特理解和感悟。当幼儿对树皮的纹路产生浓厚兴趣时，他们可以非常方便地从美工区借用各种颜料，通过拓印活动来进一步观察与探究。

图 2-19　改造后的半开放式美工室（2.0 版本）

图 2-20　幼儿在进行长卷画　　　　图 2-21　幼儿在户外拓印树皮

　　此外，我们还特别打造了半开放式的科探室。在户外活动时，当幼儿需要开展测量、探究等科学探索活动时，他们可以直接取用科探室的各种测量工具、实验材料等，进行自主实验和探究。

　　继打通活动室的室内外空间，激发幼儿到户外活动的积极性之后，我们发现原来学校还有多处围栏，这些围栏原本是为了合理规划空间布局，但现在看来反而显得有些多余，阻碍了幼儿接触自然、自由活动。因此，我们逐步地破除不必要的围栏，进一步提升户外空间的联动性和流动性，进一步支持幼儿在

图2-22 打造的半开放式科探室

图2-23 幼儿利用科探室工具探索树皮

图2-24 曾经的围栏

图2-25 破除围栏后的空间

户外各个区域开展自主多元的学习与游戏活动。

比如我们尝试破除种植园的围栏，并将原来方块式的种植园改建为放射状的种植园地。幼儿在四散状的步道上雀跃奔走，将各种农作物尽收眼底，更是饶有兴趣地在种植园地的各处开展各种探究活动、艺术活动，而不仅仅只围在自己班级的一亩三分地旁。

通过无边界设计，我们发现室内活动与户外活动不是割裂的，幼儿可以把教室里感兴趣的事物带到户外感知体验，我们更鼓励教师把幼儿感兴趣的户外材料及活动带到教室进行深度感知体验。比如，当幼儿在户外活动中对鸟的羽毛产生兴趣时，教师把幼儿在户外收集到的羽毛带到教室进行进一步的研究，设计了科学小实验，帮助幼儿感受羽毛的特征。不断丰富和积累幼儿的已有经验，使幼儿在户外愿意更进一步地进行观察、体验和探究活动。在高低结构融

图 2-26　改造前的方块式种植园

图 2-27　改造后的放射状种植园
（俯视航拍图）

图 2-28　围绕种植园的多元自然体验活动

合活动的催化下，教师还生成了"制作喂食器"等集体教学活动，真正实现了高低结构活动的融合。

（二）诱导桌：提供有准备的环境

诱导桌，作为一种教育工具，不再强调对幼儿进行直接的、预设性的环境"投放"，而是通过将丰富的开放性材料、自然物、绘本等相结合，呈现在一个桌面上，给予幼儿丰富的感官刺激，并将幼儿学习和发展的线索（情绪认知、数认知、读写等）"藏"在诱导区，从语言、科学、社会、健康、艺术多领域创设学习环境，激发幼儿的好奇心，让他们在自由探索的过程中发现学习的乐趣。幼儿可以依据自己的兴趣和需求，选择不同的学习路径和方式。

因此，诱导桌不仅仅是一个简单的物理空间的改变，更是一种教育理念和教学方法的革新。它提醒我们，作为教育者，应该更多地从幼儿的角度出发去思考和设计学习环境，让幼儿成为学习真正的主人。在创设诱导桌的时候，教师充分展现了他们的教育智慧，涌现出许多值得分享的故事，让我们一同走进这些富有启发性的瞬间。

图 2-29　室内诱导桌

图 2-30　室外诱导桌

案例 1：　　　　　　　蝴蝶诱导桌

幼儿在草地上玩游戏，突然一只蝴蝶飞入游戏场地。幼儿好奇极了，围在一起想要观察蝴蝶，奈何蝴蝶马上就飞走了，他们对蝴蝶的离开表示失望和可惜。看到幼儿失望的表情，我也想要帮助他们。但是我们遇到蝴蝶的机会却很少，就算是遇到了也是转瞬即逝，根本没有办法近距离、长时间地观察。怎么才能满足幼儿观察蝴蝶的兴趣呢？

我灵机一动，既然幼儿这么喜欢蝴蝶，我何不创造一个关于观察探索蝴蝶的区域呢？我找来了一些蝴蝶蛹、蝴蝶标本、动物观察盒、关于蝴蝶的绘本，同时提供了一些放大镜、笔、纸等观察和记录的工具，就这样我们的蝴蝶诱导

图 2-31 蝴蝶诱导桌

桌有了雏形。

幼儿围坐在桌旁，被眼前的蝴蝶标本深深吸引。他们目不转睛地观察着那些正在变化的蝴蝶蛹，好奇心驱使他们探索这些奇妙的小生命。

在仔细观察蝴蝶标本的过程中，幼儿惊奇地发现蝴蝶翅膀上的花纹呈现出对称之美。每一只蝴蝶都拥有独特的美丽，仿佛是大自然精心雕琢的艺术品。这一发现引发了幼儿对蝴蝶世界的无限遐想，他们开始思考蝴蝶是如何从一个小小的蛹变成如此美丽的生物的。幼儿好奇地询问我蝴蝶的生长过程和它们的生活方式。

为了满足幼儿的好奇心，我继续带领他们进行了一次蝴蝶养殖实验。幼儿亲手打造了适合蝴蝶生长的环境，观察着蝴蝶从卵孵化成幼虫、再到蛹的变化过程。他们记录下了每一个重要的时刻，并与其他同伴分享自己的发现和感受。

标本、绘本、观察盒与放大镜的组合，让幼儿在"为什么蝴蝶翅膀对称"的追问中，自发进入生命科学与艺术美的交叉领域进行探索。

（案例提供者：陆思怡）

案例2：　　　　沙水游戏诱导桌

当教师观察到幼儿喜欢使用花朵、草叶、贝壳、石头等自然元素与沙子结合创作沙画或沙雕时，我们便在活动桌上备齐这些材料。同时，为了进一步激

图 2-32　沙水游戏诱导桌

发他们的创造力，我们还提供了纸盘等工具，这样不仅满足了幼儿的创作需求，还为他们的艺术探索搭建了一个更加丰富多彩的平台。当幼儿在创作的过程中发现水可以改变沙子的质地时，教师又添加了一些储水的工具。

　　除了诱导桌外，教师也可以在环境中将幼儿的学习痕迹进行呈现。教师可以用照片及幼儿记录表征等多元方式呈现幼儿的学习痕迹，鼓励幼儿将自己的问题、自己的发现通过图符进行表征记录，引发更多共鸣。教师也可以通过游戏鼓励幼儿进行讨论，对提问给予回应，进一步激发幼儿在游戏中的深入探索。而留在环境中的"学习痕迹"，也给了幼儿更多元的隐性暗示，能催化和激活幼儿在游戏中的学习与发展。

　　在环境中呈现不同幼儿的学习痕迹，不仅能够为幼儿的具身学习营造开放自由的氛围，还能让幼儿通过环境这位"隐性的教师"进行无声的互动，从而为幼儿的具身学习提供更多元的支持。

图 2-33　游戏区域附近呈现的幼儿"学习痕迹"

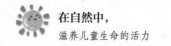
（三）幼儿主导的空间改造

在成人主导的世界里，儿童空间总被框定在"安全"和"可爱"的模板中。我们发起了一场颠覆性的空间改造实验——把设计权真正交还幼儿。这不是简单的游戏场域营造，而是让幼儿以决策者的身份，用天马行空的想象力解构成人视角，完成对自我成长环境的诗意注解。

1. "自留地"变"梦想空间"

在茉莉部，我们曾计划将一块区域打造成果园，种植了桃树。然而，由于土壤条件不佳，桃树难以生长；同时，桃树结果的时间恰逢暑假，未能充分发挥其教育价值。因此，我们将桃树移植到其他地方，并将该区域作为自留地，以补充种植区的空间。

随着学期的更迭，自留地成了一个充满无限可能的自然体验活动区。我们在这里种了外形相似的葱、韭菜和小麦，其中大部分是小麦。这片原本无人问津的自留地，成了幼儿热衷的"滴幼麦田"。

图 2-34　滴幼麦田　　　　　图 2-35　幼儿正在滴幼麦田进行探索

幼儿像小小的园丁，用心照料着这片麦田。他们在教师的引导下，尝试用各种方法来呵护这些植物，探索如何让小麦长得更高、更茂盛。有的区域铺上了黑色的薄膜，仿佛为直面降温的小麦穿上了一件保暖的外衣；有的区域则施上了肥料，为小麦提供更充足的养分；而另一些区域则保持原样，不施肥，作为对照组。通过各种实验性的手段，幼儿感受不同照料方法可能带来的变化，也亲身感受到科学的魅力和生命的神奇。

随着春天的脚步悄然临近，幼儿的心中也萌生了新的愿望——想在这里种植向日葵。我们特意购买了五种不同品种的向日葵苗，供他们亲手种植。幼儿兴奋地拿起小铲子，小心翼翼地将向日葵苗种入土壤中。随着时间的推移，他们亲眼见证了向日葵从嫩绿的小苗逐渐长成高大的植株。在这个过程中，幼儿发现原来向日葵有很多种，每种向日葵的形态都不相同，有的花瓣金黄灿烂，有的则带有淡淡的红晕。

他们还亲身感受到了书本中介绍的向日葵的"向阳性"。每天早晨来园时，幼儿总是迫不及待地跑到向日葵前，仔细观察它的朝向。他们发现，无论前一天向日葵是如何转动的，经过一夜的休息，它总会重新面向东方，迎接新的一天。中午吃好饭后，教师会带着幼儿散步到葵园，再次观察向日葵的朝向。这时，他们惊喜地发现，向日葵已经慢慢转向了，仿佛在追逐着太阳的脚步；当放学离园的时候，幼儿会再次来到向日葵前，观察它的朝向。他们发现，此时的向日葵已经转向了西方，似乎在向即将落下的太阳告别。这种神奇的现象让幼儿惊叹不已，他们纷纷感叹大自然的奥妙与神奇。

图 2-36　幼儿亲手种植向日葵

图 2-37 不同品种的向日葵

图 2-38 幼儿在葵园进行观察、探索活动

除了观察向日葵的生长过程，幼儿还时常拿出各种测量工具，为向日葵"量身高"。他们认真地记录每一次的测量结果，比较不同品种向日葵的生长速度。这种亲身参与的经历不仅丰富了他们的认知经验，更让他们学会了如何用科学的方法去观察和思考问题。

到了秋季学期，我们将这块乐土交到茉莉部大班幼儿手中，这里又变成了"DIY 小花园"。幼儿通过年级组儿童议事会、班级团队讨论活动，共同协商规

图 2-39 "DIY 小花园"开始前幼儿的讨论

划，绘制设计图，然后幼儿制作"申购书"，向教师申请需要种植的各类植物。幼儿还自己亲手铺设小路、挖掘沟渠，过程中一度碰到沟渠挖不下去了，小河"总是漏水"等问题，幼儿主动请保安师傅帮忙，和教师共同研究、讨论。之后，幼儿根据设计图栽种各类植物，让"DIY小花园"不仅有小河、石子路，

图2-40 正在铺设小路的幼儿

图2-41 正在平整小路的幼儿　　　　图2-42 正在挖沟渠的幼儿

图2-43 正在种植的幼儿

图 2-44 "DIY 小花园"成品图

还有花卉园、香草园,还给小鸭们造了一个欢乐小屋。

通过"DIY 小花园"的项目,大班的幼儿不仅学会了如何将一块平凡的土地变成美丽的花园,更重要的是,他们学会了如何通过自己的双手和智慧,将想法转化为现实。这样的经历,无疑将成为他们成长道路上宝贵的财富。

在上述空间改造的活动中,幼儿不仅获得了大量表达自我、发现问题及解决问题的机会,还通过合作、分工与沟通,丰富了他们的社交经验。幼儿亲身体验到凭借自己的努力能改善环境,这种经历让他们打造出充满野趣的活动空间,进而增强了户外活动的感知体验,激发了他们在活动区域进行开放性自主游戏的兴趣与乐趣。同时,这样的环境也促进了幼儿对植物的生长过程、生长习性等的深入理解和认识,有效提升了户外空间的教育功能,实现了具身学习。

2."阳光小屋"变"探索空间"

上海的冬季,尤其是紧邻海边的临港地区,总是格外湿冷。每到这个季节,幼儿亲手种植的植物便因气温骤降而显得萎靡不振。就在这样的一天,一群充满好奇心与创造力的幼儿,在教师的带领下找到了我,眼中闪烁着期待的光芒,提出了一个温馨而又富有想象力的想法——建造一座属于他们的阳光小屋。

面对这份纯真的愿望,我毫不犹豫地答应了他们的请求,并赋予了这群小小梦想家一项特别的任务:请他们亲自探索校园的每一个角落,寻找搭建阳光小屋的地点。

最终，幼儿选址在宜浩部小竹林旁的一块闲置空地上。这里不仅成为了幼儿探索自然、学习植物生长奥秘的小天地，还让他们亲身体验温室种植带来的无限可能。即使在寒冷的冬天，当阳光透过透明的屋顶洒落在嫩绿的幼苗上时，也能看到幼儿脸上洋溢着满足与喜悦的笑容。

前期，教师和幼儿热衷于在阳光小屋进行各种水培、育苗、盆栽等种植活动，但随着新鲜感逐渐消退，小屋一度闲置着。尽管教师尝试在这里布置种子博物馆、秋天博物馆等展览，但幼儿难以在其中获得更丰富的感知体验，参与性和互动性都不够，更难在小屋里持续开展游戏与学习活动。

通过和幼儿的深入交流，我们发现了问题的根源。一方面是阳光小屋现有的种植没有很好地与课程活动结合，另一方面是幼儿的主动性还没有得到充分的发挥。为了改变这一现状，教师倾听幼儿的声音，了解他们心中理想的阳光

图 2-45　阳光小屋变水培架 & 蝴蝶屋

图 2-46　阳光小屋变扦插实验室

图 2-47　阳光小屋变草莓屋

图 2-48　在阳光小屋中探秘向日葵

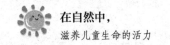
小屋的样子，并尝试将课程活动与小屋的使用紧密结合起来。

随着时间的推移，阳光小屋逐渐焕发出新的活力。它不再是一个只供观赏的宝贝小屋，而是成为了一个承载着幼儿游戏、探究、体验的理想空间。不同班级的幼儿根据自己的兴趣，将这里先后变成了蝴蝶屋、草莓屋、扦插实验室、向日葵探究馆、南瓜探究馆……在这里，幼儿不仅汲取了丰富的科学知识，更培养了对大自然的好奇与热爱。

第三章

内涵深化:
自然体验活动的"课程创生"

当幼儿蹲在自然角只是"匆匆一瞥"，当远足沦为"排队观景"，我们开始反思——自然体验是否止步于"看见自然"？于是，蒙眼触摸树皮的褶皱、闭目倾听风穿过竹林的声音、用鼻子辨别薄荷与艾草的气味……这些设计让幼儿从"旁观者"变为"探索者"。但更深层的矛盾浮现：零散的活动如何串联为有意义的课程？地域资源如何转化为教育能量？这些问题推动我们迈向第二阶段。

　　具身认知理论为我们打开新的视野：自然体验不仅是"用眼睛学习"，更是"用身体思考"。种植课程从"播种—收获"的循环，升级为"泥土实验室"——幼儿用手掌感知土壤湿度，用树枝测量菜苗高度，甚至为争夺"最佳堆肥配方"展开辩论。养殖课程中，"班班饲养小动物"计划曾引发家长对卫生与安全的担忧，但我们选择相信幼儿：通过"动物轮值养护表""亲子养护日"，幼儿不仅学会了照顾兔子、乌龟，更在过程中理解了生命的脆弱与责任的分量。

一、五个一：自然体验活动的初步探索

　　我们认为，幼儿园中的每一片叶子、每一根树枝，都是幼儿探索自然世界的媒介。而幼儿只有在持续地与自然物相生相伴的过程中，才能通过互动形成自然而然的学习与探究。于是，在丰富多元的自然体验活动实践中，我们逐步梳理出了"五个一"活动：认识一株花、认领一棵树、种植一亩田、照料一种动物、开展一次远足。"五个一"活动已形成一定的课程样态，鼓励更多教师通

过开展"五个一"活动来支持幼儿在与大自然和谐相处的过程中获得更好的学习与发展。

"五个一"的活动模式，确保教师能够充分运用校园内外的各种自然资源，以满足不同需求的幼儿的发展目标。如今，校园内的每一株花草、每一棵树木，都仿佛被赋予了新的生命，成为了幼儿学习与游戏中的亲密伙伴。

（一）认识一株花

幼儿对花朵有着天生的喜爱，在户外活动的时候，经常会有幼儿被花朵吸引。我们在园内种植了各种各样的花朵，试图让幼儿有机会接触了解多种多样的花朵。

在"认识一株花"活动中，教师首先会引导幼儿观察园内丰富多样的花朵，包括不同颜色、形状和气味的花卉。而在幼儿与花朵互动的过程中，教师还会引导幼儿观察每朵花的细节，如花瓣的数量、花蕊的形状等，并鼓励他们提出问题和思考，进而引导幼儿正确地照顾花朵，如浇水、修剪等。

每个班级的教师还会根据季节的变化选择不同的花朵进行观察。这样能够让幼儿更好地了解花朵的生长周期和变化过程。例如，春天，教师会引导幼儿观察樱花、梨花、迎春花的绽放；夏天，幼儿会一起欣赏向日葵的盛开；秋天，幼儿可以观察菊花的特点；冬天，幼儿可以观察蜡梅与梅花的不同之处。通过与不同季节的花朵互动，幼儿能够建立起对自然界的认知和理解。而在观察了解的过程中，有关花朵的探索活动也就诞生了。

案例 1：
 向日葵的故事

幼儿经过一番热烈的讨论与投票，最终决定这一学期在自己班级的种植园里种植向日葵。虽然已是 9 月，可能会因为即将到来的秋天气温降低而影响种植，但是我还是决定让幼儿亲身感受一下。随着第一粒种子被小心翼翼地埋入土壤之中，幼儿与向日葵之间那份特别的情感种子便悄然萌芽了，向日葵的故事就此拉开了序幕。

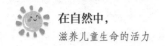

表 3-1　向日葵故事的进展脉络

探索主题	日　　期	探索过程与发现	图片
挑选种子	9 月 29 日	要挑选向日葵的种子	
	10 月 8 日	原来向日葵的种子就是瓜子	
种植前期调查	10 月 10 日—10 月 12 日	1. 准备种植日记本 2. 采访有向日葵种植经验的人，了解如何种植	
浸泡种子	10 月 15 日	1. 了解浸泡种子的水温 2. 如何测量水温 3. 开始浸泡种子 4. 什么是露白？发现露白	
开始播种	10 月 17 日	开始拔草、松土、挖坑、埋种子、盖土、浇水……	
焦灼地等待	10 月 28 日	怎么还没有长出来	

续表

探索主题	日　期	探索过程与发现	图片
初次寻找原因	11 月 10 日	天气太冷，影响向日葵发芽，于是为向日葵地盖上"被子"	
是苗还是草？	11 月 15 日	查找资料，区分向日葵苗和野草	
再次寻找原因	11 月 16 日	1. 查找资料 2. 访谈其他班级有种植经验的教师，通过访谈了解冬天气温偏低，阳光不足，这会导致向日葵无法正常生长和开花 3. 幼儿还发现，那株苗不是向日葵。为弥补幼儿的遗憾，我们向黄老师班级借了几株向日葵 4. 经过讨论，幼儿决定把植物移到室内继续播种	
给向日葵搬家	11 月 17 日	了解什么是移植，怎么移植	
向日葵长花苞了	11 月 18 日	幼儿发现种在室内的向日葵开花了	
向日葵种植记	12 月 8 日	绘制向日葵种植过程	

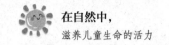
在种植向日葵的这段旅程中，幼儿仔细研究了不同种类的向日葵种子，试图找出最适合自己小园地的那一款。当决定好要使用的种子后，幼儿又投入帮助这些小小生命破土而出的任务当中。通过试验不同的水温来浸泡种子，他们亲身体验到了温度对于植物生长的重要性。就在这样一次次尝试之后，终于有一天，大家惊喜地发现有几颗种子开始露出白色的小芽——这就是所谓的"露白"，标志着新生命的诞生。尽管最终由于种种问题，这些向日葵没有能够苗壮成长起来，但在整个过程中，幼儿收获了许多宝贵的东西：如何面对失败并从中吸取教训；怎样通过团队合作解决问题；还有与人沟通交流时所展现出来的耐心和理解力……这些都是书本上学不到的知识，也是他们成长道路上不可或缺的一部分。

（案例提供者：潘佳妮）

同样的花朵，不同的季节，不同的班级，在追随幼儿脚步的进程中，我们看到了不一样的精彩。

案例2：　　　　　　　探秘向日葵

5月11日，我带幼儿来葵园观察，幼儿饶有兴趣，议论纷纷。

唐欣年："我发现有些长得高高的向日葵还没开花，但是长得低低的向日葵已经开花了。"

耿嘉泽："那些向日葵有的开得好好的，有的枯萎了，我还看到一只蜜蜂在采花蜜。"

唐欣年："我看到向日葵园里都是草。"

吴昕妍："有些长得很高的也开了。"

周诗旻："向日葵上有很小很小的花苞。"

尤田源："我看到有的花开了，开了一朵。"

凯乐："我看到两朵。"

唐欣年："我看到有的是两朵，但是两个还没开的花苞；有的是一个花苞开了。"

尤田源："有的花瓣是往上的，有的就是平的。"

耿嘉泽："向日葵花的大小不同，花瓣的大小也不同。"

幼儿不仅观察到向日葵的高矮不同，花朵的数量不同，还观察到花开的方向不同。于是，回到教室，我继续和幼儿一起深入讨论，了解幼儿对向日葵的已有经验，并逐步引导幼儿提出自己想要了解的话题，最终，我梳理出了幼儿最想要探索的两个话题：1. 向日葵还会长高吗？用什么工具测量呢？ 2. 向日葵多久会开花？到底有瓜子吗？

图 3-1　幼儿关于向日葵的讨论导图

围绕幼儿的研究话题，我让他们自己组队选择自己喜欢的话题去探索，一场关于向日葵的深度学习就此拉开帷幕。

项目小组 1：向日葵还会长高吗？用什么工具测量呢？

说到测量，幼儿第一个想到的测量工具是教室探索区的软尺，后来每次去葵园，这个小组的幼儿都会带上软尺。第一次测量的时候，幼儿不仅把软尺的正反数字弄错了，而且测量的时候软尺也是歪歪扭扭。幼儿开始讨论软尺为什么有两面，我继续追问："到底应该用哪一面，怎样测量才能更加准确呢？"当幼儿一筹莫展的时候，之前做过衣服的生活教师告诉幼儿：软尺一面的单位叫英寸，一般做衣服的时候测量腰围会用到；另外一面，每一格稍短一些，是我们最常用的单位，叫厘米，比如我们需要知道桌子多长，就可以用这一面进行测量，大概 60 厘米，这样我们就知道它的长度。之后，幼儿的测量一次比一次驾轻就熟。幼儿还会分工合作，两个幼儿一起拉紧皮尺，不能弯曲，这样记录下来的数字会更加准确。

图3-2　幼儿测量向日葵的高度

很快，新的问题又产生了。向日葵长得差不多，幼儿往往很快就搞不清楚哪一株是他们之前测量的，所以根本不知道长高了没有。于是，新一轮的脑力激荡又开始了。幼儿想到可以用某个东西来帮助他们标记自己测量的向日葵，他们找来了丝带，标上数字、做好标记。在后来的测量中，幼儿甚至还发现，绑着的丝带也随着向日葵的长高而长高了。

项目小组2：向日葵多久会开花？到底有瓜子吗？

从五月上旬开始，我们持续观察了葵园的向日葵。在观察过程中，有些含

图3-3　幼儿发现向日葵的瓜子

苞待放的向日葵陆陆续续开始开花了。从开花到结果是幼儿很期待的一个过程。他们一直讨论向日葵是否会有瓜子，每次去葵园都会带着这个问题去观察。一次，幼儿发现，很早开花的大花盘上没有观察到瓜子，但一些看似已经枯萎的小花盘上却有像瓜子一样的东西。幼儿很好奇，想要一探究竟。于是，他们摘了一些已经枯萎的向日葵带到教室里剥开，一起看一看是否会有瓜子。

通过反复比较，幼儿很快发现向日葵花盘中的瓜子是不一样的，这个小向日葵里面的瓜子很小，而且是黑色的。但是幼儿还是很感兴趣，想要剥下来带回家种种看。

图3-4　幼儿在绘本中寻找小向日葵瓜子的秘密

5月21日，幼儿兴奋地发现，终于有一朵大大的向日葵从大片绿叶中探出笑脸。幼儿想，一定结了很多瓜子吧！但仔细一看，失望而归，大大的花盘里还是没有瓜子呀，要什么时候才能有瓜子呢？看到这组幼儿有点泄气，我带着他们到阅览室一起寻找答案。通过绘本，幼儿了解到向日葵的花盘低下来，花瓣全部掉落，叶子慢慢变黄，瓜子都露出来就表示成熟啦。得到这个消息，幼

图 3-5　幼儿等待向日葵大花盘的瓜子成熟

儿立刻又兴奋起来，接下来每天都去看这朵大花盘，经过日复一日的等待，幼儿终于在 6 月 14 日得到了一朵装满瓜子的大花盘。

从一株小小的向日葵，到一朵朵小花，再到一颗颗向日葵瓜子，这是一段奇妙的向日葵探索之旅。幼儿感受到自然的神奇，在陪伴向日葵长大的过程中，幼儿也收获了很多关于植物生长的认知。而作为这一切成长的亲历者，我在其中为幼儿细致的观察力、不畏惧失败的坚忍毅力所折服，再次感受到让幼儿在大自然中自然而然地学习的重要意义。

（案例提供者：朱莉妮）

在"认识一株花"的课程故事中，伴随花儿绽放的不仅有幼儿对大自然天然的好奇心和学习力，也伴生了教师对于儿童立场和课程领导力更深的认知和了解。教师慢慢开始学会放慢脚步，放下传统的"教导"，做幼儿学习的陪伴者、支持者，追随幼儿脚步的教师不再茫然不知所措，而逐渐成为了懂得进退、坚持等待又能适时支持的教师。我们成人也是自然教育的获益者。

（二）认领一棵树

每学期期初，我们都会鼓励班级认领一棵属于自己的大树，通过引导幼儿与这棵树朝夕相处、互动，从而开启更广泛的自然探索之旅。幼儿通过观察树叶的颜色、形状和大小的变化，初步了解树木的生长过程，进而在照护的过程中生发出不同的课程活动。

> **案例1：** **梨树的故事**

最早在操场旁边的小草坪上，种着两棵梨树。为了便于幼儿取用运动器械，我们沿着墙边做了一排收纳柜，没想到的是，随着梨树快速生长，幼儿在运动时发现，梨树的枝叶挡住了去路。怎么办呢？幼儿和教师讨论，各出奇招——有的幼儿提议栽掉一部分树枝；而有的幼儿则发现一棵梨树靠太近，如果要栽掉树枝，那么这棵梨树就只剩几根树枝了；有的幼儿建议挂上警示标志，还有

图3-6　幼儿关于梨树的讨论与行动

图 3-7　幼儿为搬新家的梨树祈福

的幼儿想替梨树搬新家。

最终，我们采纳了幼儿的提议，为梨树挑选了种植园旁的一块空地作为新家。俗话说："人挪活，树挪死。"大树搬家很容易枯死，提出建议的中四班幼儿一口答应承担照料梨树的责任。于是，幼儿风雨无阻地每天来这里精心照料。这年的春节，幼儿还为梨树祈福，大树上挂满幼儿对梨树的祝福。

（案例提供者：顾倩）

案例 2：　　　　　穿上白衣服的大树

在一个寒冷的冬日，幼儿惊奇地发现他们认领的大树披上了白色的外衣。一个幼儿好奇地问："为什么要给大树涂上这些白色的颜料呢？"这个问题像是打开了好奇心的大门，他们纷纷提出自己的想法。

"我看到马路两旁的树也都换上了这样的白色衣服。"一个幼儿兴奋地说。另一个幼儿则分享了一个温暖的小秘密："我妈妈告诉我，冬天来了，大树也需要保暖，就像我们穿上厚衣服一样。""是啊，大树在寒风中也会感到寒冷，让我们一起来帮助它们穿上温暖的衣服吧！"幼儿的热情如同冬日里的一缕阳光，温暖而充满希望。于是，这群小小志愿者开始动脑筋，用各种创意为大树"缝制"过冬的衣物。他们或许不知道，这层白色的颜料其实是石灰水，一种可以保护树木免受病虫害侵扰的天然物质。

还有一次，幼儿在他们认领的桃树根部，发现了异常的粉末堆积。他们细

图3-8 冬日里的大树穿上了幼儿缝制的"衣服"

心观察后发现，桃树的叶子逐渐变黄，仿佛在默默诉说着自己的不适："我生病了，我好难受。"这时，幼儿纷纷化身为小小的植物医生，开始积极讨论如何治疗这棵桃树。

有的幼儿提出了捉虫的建议，他们认为可能是害虫导致了桃树的不适；另一些幼儿则想到了在公园里看到的树木护理方法，提议给桃树挂上盐水，以补充其所需的营养和水分；还有幼儿建议寻求专业的帮助，邀请植物医生来为桃树进行诊断和治疗……这些"小小植物医生们"的讨论充满了创意和关怀，他们不仅关注桃树的现状，还积极探索解决问题的方法。

（案例提供者：陈小芳）

认领的大树逐渐成为幼儿的同伴，尽管它就矗立在那里，仿佛无法和幼儿互动，但是在日常悉心的照料、细心的观察中，教师开始感叹幼儿观察的敏锐和细致。幼儿学会了去关心大自然，更重要的是，他们会主动地发现问题和积极地尝试解决问题。比如，当幼儿想要认领一棵最大的树的时候，教师就把握契机，让幼儿讨论"什么样的树是最大的？是看树的高度，还是树的粗细？或者是看树冠的大小？"教师进而鼓励幼儿测量。又比如，当幼儿发现自己认领的大树上有很多洞洞时，就找来了放大镜仔细察看，他们去图书馆查找科普书籍，探究树洞的秘密，还写信给我请求帮忙联系绿化工人来查看大树是否生病了。究竟哪棵树是最大的、为什么树上有那么多树洞其实并不重要，真正可贵的是激发幼儿对大自然的求知欲，以及幼儿自主地在反复尝试、学习的过程中形成的可贵的学习品质和能力。

图 3-9　幼儿在探究树洞的秘密

图 3-10　幼儿探秘树洞的讨论与表征

那幼儿是如何认领大树朋友的呢？"这棵树最高！""这棵树最粗！""这棵树有果子！""这棵树叶子最多！"……幼儿认领大树的理由各种各样。而有的时候，幼儿认领大树的过程也可能是一个漫长的过程，充满了学习的无限可能。比如，有个班级通过与桂花树的"甜蜜邂逅"结缘，展开了一系列的课程故事，才决定认领这棵大树朋友。

案例3：　　　　　　　与桂花树的"甜蜜邂逅"

在一次运动结束散步回教室的路上，幼儿闻到了一股特别的花香。呀！是桂花呀！真香呀！看到幼儿对桂花树的兴趣，教师决定牢牢把握住这一契机，给幼儿更大的探索空间，陪伴幼儿一起踏上一场特别的学习之旅。

图 3-11　幼儿发现桂花树

在散步时，幼儿发现学校别的地方也有桂花树，小 A 就有了"到底学校还有哪里有桂花树？"的疑问，一石激起千层浪，好多幼儿就开始好奇，学校到底一共有几棵桂花树呢？

图 3-12　幼儿结伴调查桂花树

为了便于幼儿观察记录，教师为幼儿准备了学校的平面图，并鼓励幼儿分成了不同的调查小组，将找到的桂花树的位置标记在地图上。

通过小组结伴寻找桂花树，幼儿与同伴共同制订调查计划，讨论调查对象

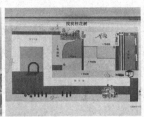

图 3-13　幼儿分享自己的调查结果

和方法，有目的地进行观察和记录。在过程中，幼儿自己发现问题，自己解决问题，空间感知能力也有一定的发展。回到教室，每个小组都来分享自己的发现。结果幼儿产生了新的问题。

教师："为什么大家记录的桂花树数量不一样？"

乐乐："可能是数错了吧。"

萌萌："有的桂花树比较小，他们没有看清楚。"

琛琛："他们可能走太快了。"

一凡："他们可能认错了。"

教师："怎么辨识是不是桂花树呢？"

小苹果："我们可以走慢一点。"

萱萱："地上如果有掉落的桂花，那就是桂花树了。"

然然："可以闻闻是不是桂花的香味。"

乐乐："还可以看看它的叶子。"

教师敏锐地捕捉到了新的教学契机，她鼓励幼儿开始新的探索：桂花的叶子是怎么样的？怎样才能把桂花树数清楚呢？

图 3-14　幼儿在研究桂花树

教师把幼儿在户外的探究兴趣延续到教室里，通过个别化学习中的观察和比较，幼儿发现：桂花树的叶片是有点长长的，椭圆形的，有点厚厚的，叶脉比较清晰，叶子光滑没有毛毛的感觉。

教师还组织幼儿讨论如何数清楚桂花树。

梦涵："可以在纸上做好记录。"

航航："可以在树上写上数字，这样就清楚了。"

琛琛："这样好像不太环保，会破坏树的。可以写在一张纸上，贴在树根白色的地方，那是树的衣服，不会破坏的。"

苗苗："可是贴得住吗？我觉得可以拿个绳子系在树上。"

辰辰："也可以挂着吧？"

图 3-15　幼儿为桂花树做标记

幼儿再一次尝试数桂花树，他们每遇到一棵桂花树就为它挂上数字标记，最终发现校园里一共有 14 棵桂花树。

课程开展过程中，教师还进一步依据不同幼儿的问题开展了测量桂花树、寻找最大桂花树、调查桂花树的不同品种、制作桂花糕等多领域的活动，以促进每一个幼儿开展感兴趣的、有意义的学习与探索活动。

图 3-16　幼儿在搜集桂花

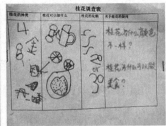

图 3-17 关于桂花的调查结果

图 3-18 幼儿制作桂花糕

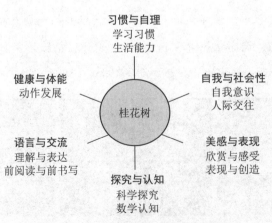

图 3-19 桂花课程中幼儿的成长网络图

最终，幼儿认领了校门口那棵树冠最大、开花最多的桂花树作为自己班级的大树朋友。毕业了还不忘问教师那棵桂花树还香不香？弟弟妹妹们又和这棵桂花树有怎样的故事……

通过认领一棵树的活动，让大树真正成为幼儿在幼儿园的伙伴。当我们真正陪伴幼儿去感受、去观察、去体验，幼儿自然就迸发出好奇、好学和好问的学习力，学校的每一棵树真的都是宝贝呀！幼儿在银杏树下嬉戏漫步，银杏叶成了幼儿的创作源泉；幼儿在长廊下偶遇盛放的紫藤花，一首散文诗流淌在幼儿的心间；幼儿发现自己认领的大树结出的无患子果实的秘密，用无患子果实搓出泡泡水，玩得不亦乐乎！一棵棵大树流淌着幼儿与大自然的深深情缘，它看似无声，却时不时讲述着动人的故事，在一个个生动、富有童趣的故事里，我们看到了幼儿对大自然深厚的情感，也感受到了大自然迸发出的活力，滋养着幼儿的成长。

（三）种植一亩田

种植一亩田，其实是创设幼儿与自然生物亲密接触的一方天地。幼儿参与种植与管理，既能锻炼多种劳动能力，又能获得很多种植植物、饲养动物的经验。在参与种植和管理的过程中，幼儿对植物的生长过程有了深入的了解，对植物的根、茎、叶、花、果等有了更多的认识，通过各种感官感知植物的特性，发展观察能力和比较能力。当然，在这个过程中，幼儿的审美能力、数量概念、责任意识、与同伴的协作能力、计划能力等都可以得到发展。

一株植物虽然小，但是从播种、发芽、生叶，到开花、结果，它的生长过程充满着戏剧性的变化。从一粒种子到一株植物，这个变化本身就是自然界神奇力量的充分展现。让幼儿参与照顾植物，目的并不仅仅是让植物存活，而是它本身就是一项有意义的活动。让看似简单的植物种植和养护变得有趣又不失教育价值，来看看教师的智慧吧！

1. 全过程和长周期种植，体验完整的生命循环

种植包括哪些环节呢？拔草、松土、施肥、播种、浇水等，每个环节对幼儿来说都是不一样的体验。而事实上，以往实践中，因为担心幼儿能力不足或

者怕麻烦，教师很少让幼儿参与种植的全部环节。因此，在"种植一亩田"活动中，我们首先提倡教师带着幼儿一起参与种植的每个环节。比如，在拔草的过程中，幼儿发现原来杂草的种类有很多，有些地方的杂草容易拔下来，有些地方的草不容易拔下来。又比如在松土的时候，幼儿找到了松土的最佳姿势，同时在松土的时候还发现了很多蚯蚓……

参与种植全过程，有时候也意味着跟随植物生长的整个周期。在过往的种植活动中，我们常常以一个学期为周期来安排。每到新学期伊始，就会把上学期种下的农作物全部清除，然后重新播种。从表面看，这样做似乎是在为幼儿创造更多参与种植活动的机会，可实际情况真的如此吗？

记得有一次，开学筹备阶段，教师走进种植园时，被眼前的景象惊呆了——上学期种下的萝卜，此时已经长得及腰高，萝卜花在微风中轻轻摇曳；豌豆也不甘示弱，竟然长到了及肩的高度，郁郁葱葱的枝叶交织在一起；还有

图 3-20　香菜开花了

图 3-21　青菜结种子

图 3-22　幼儿正在收集蚕豆的生长数据

生菜、红薯等作物，依旧生机勃勃，长势喜人。面对这样一片充满生命力的景象，不少教师放弃了原本的计划，决定保留这些农作物，让幼儿来决定它们的命运。就这样，我们开始尝试开展跨季节的种植活动。有的班级围绕植物种子开启了一场奇妙的探秘之旅，他们像小探险家一般，仔细观察、用心记录，探寻种子背后的奥秘；有的班级则将目光聚焦在蚕豆身上，开展了富有创意的项目化活动，他们思考如何测量蚕豆的生长数据，以及怎样巧妙地让蚕豆挺直腰杆，在探索与实践中乐此不疲。

从此，在我们的种植园里，每个班级都被鼓励在新学期开始时，保留上一学期种下的植物。跨学期种植，不仅让整个种植项目保持了连贯性，幼儿可以持续地观察和记录植物从播种到成熟的每一个阶段，而且，通过这种全程的参与和观察，幼儿能够更加深入地了解植物生长的自然规律。他们会亲眼看到种子是如何在土壤里生根发芽，又是怎样在阳光雨露的滋养下逐渐长大，最终开花结果。这个过程，就像是一场奇妙的魔法，让幼儿对大自然充满了好奇和敬畏。同时，跨学期种植还能培养幼儿的责任感和耐心。他们知道自己的每一个决定、每一次照顾，都会影响这些植物的生长。当看到自己悉心照料的植物苗壮成长时，那种自豪和满足感是无法用言语来形容的。

2. 提供丰富的工具和材料，支持多元探索

幼儿的学习源于亲身的体验与感受。在种植活动中，教师基于幼儿的活动兴趣提供丰富的操作材料，如种植工具、测量工具、记录工具、观察工具（放大镜、便携式显微镜）以及树枝、遮光布、一次性桌布等各种低结构材料，激发幼儿在种植区域活动的自主探索。

比如，种子发芽的过程，尤其是长根的景象，总是能吸引幼儿的目光。为了让幼儿更全面地观察植物的生长过程，我们特别准备了透明容器。这些容器巧妙地展现了植物向上生长的过程，同时也揭示了根部的发育情况。随着时间的流逝，幼儿会看到植物的根逐渐变得粗壮有力，它们在土壤中扎根，为植物提供坚实的支撑。同时，嫩绿的幼苗也在努力向上生长，渴望触及阳光。这种生命力的展现，不仅让幼儿感受到了大自然的神奇，也激发了他们对生命的敬

图 3-23　可视植物根部的种植容器

畏和热爱。

　　此外，植物的生长受天气的影响很大，当遇到特殊天气的时候，比如大雨前夕，刚刚种下的植物由于还没长稳，淋雨容易导致其根部裸露，从而导致种植失败。所以在大雨前夕，我们会提供塑料薄膜、架子等材料，为幼儿保护植物提供充足的材料。又比如有一年冬天，一个班级的教师带着幼儿散步时，偶然发现了种植园里的"小帐篷"，于是关于为什么要搭建"小帐篷"的讨论就自然展开了，幼儿分别就自己的经验猜测帐篷的作用，后来认为"小帐篷"可能主要起到了保暖的作用，能挡住大风。这就引发了幼儿对动、植物过冬的兴趣，除了进行探究调查外，他们还尝试拯救班级里被冻坏的植物，班级相关主题活动也由此产生……

图 3-24　转角遇见"小帐篷"

　　此外，每个班级会根据种植的植物，在种植区提供相关的绘本。比如，幼儿对向日葵的生长充满好奇。在种植过程中，教师提供了一本关于向日葵的绘本，帮助他们更深入地理解向日葵是如何生长的。通过观察和阅读，幼儿对向日葵的成长过程有了更加全面的认识。

图3-25　班级向日葵种植区及提供的绘本

3. 趣味种植，拓展体验边界

（1）对比实验种植

　　根据不同年龄段，设计差异化的实验性种植项目。这些实验性种植不仅能激发幼儿对种植的好奇心，还能让种植活动更具探索价值。例如，可以设置沙培、土培、水培等多种栽培方式。此外，还可以提供小黑箱或黑色塑料袋，观察植物在无光环境中的生长状况。比如，在种植蘑菇的时候，一开始蘑菇是直接放在阳光下的，但是没过几天，原本已经探出头的蘑菇慢慢地干瘪了。于是，教师为幼儿提供了一些小黑箱，将蘑菇搬到小黑箱之后，幼儿发现原本已经有点干掉的小蘑菇又开始快速地生长了。

　　无论是温差、阳光照射还是水分，室内与室外都是不一样的。因此，巧妙地在室内室外种同一种植物，这样幼儿的观察也会变得更加有目的性。比如，有个班级在室内外都种植了蚕豆，然后观察两种环境下蚕豆的生长。很快幼儿就发现，种在室内的蚕豆一开始长得很快，但是茎很细，叶子的颜色相比于室

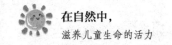
外颜色偏浅，叶子更小。种在室外的蚕豆一开始长得比较慢，但是它们的茎粗、叶子大，而且颜色偏深一些。最后，室外的长出很多的蚕豆，但是室内的往往不能长出豆子。为什么同样的种子，种在不同环境下生长情况完全不一样呢？于是教师和幼儿又开始了一次关于蚕豆的探索。

（2）观察发芽，萌发探索

发芽类植物的种植，为幼儿提供了观察和探究的新契机。在观察植物发芽的过程中，幼儿总会有一些神奇的发现。

比如，在种植发芽类植物的时候，幼儿总会发现，那些发芽慢慢生长的豆芽或者小苗，总是歪着头，朝向窗户的方向生长。于是大班的幼儿开始讨论：

西西："植物生长需要太阳、空气和水，所以豆苗朝着窗户的方向倒下了。"

明明："豆苗朝着窗户的方向倒是因为太阳对它的吸引力。"

熙熙："可能是因为水浇得太多了，所以豆苗都弯下了腰。"

小贝："因为豆苗本来就是弯的，所以它才会朝着窗户的方向倒。"

宸宸："我知道，我知道，豆苗是被风吹弯的。"

小瑞："地球在转，豆苗跟着一起转，所以豆苗就倒下了。"

……

（案例提供者：唐婕）

植物向光生长，对成人而言是常识，然而幼儿却对此兴趣盎然。他们结合生活经验，展开了丰富的想象和猜测。随后，这些猜想转化为对植物生长方向的深入探索。

（3）播种芳香植物

幼儿对香气植物的兴趣浓厚，自然角中种植这类植物能迅速吸引他们的注意力。比如，小班自然角里种植的水仙花，当花朵盛开的时候，水仙花的香气也随之飘来。这时候幼儿开始纷纷讨论起这种特殊的气味。有的说："这个气味甜甜的，像棒棒糖一样。"有的说："像我爱吃的蛋糕。"有的说："有面包的味道。"有的说："有老师的味道。"通过感官体验，可以进一步激发他们的探索兴趣。

（4）巧妙规划种植种类

我们提倡班级与班级之间进行联动，种植的时候商量好种植不同的植物，方便幼儿观察更多种类植物的生长过程。班级之间也可以商量种同样的植物，但是采用不同的种植方法，这样方便幼儿观察相同的植物采用不同的种植方法时，会有什么不一样的变化。

比如，有个班级在草地种了萝卜，在照料萝卜的时间里，幼儿对小菜园的兴趣发生了细微的变化。从一开始只关注自己班级的园地，到现在对整个小菜园都充满了好奇心，教师经常听到幼儿说：这里也有萝卜！那里也有萝卜！于是，教师开始引导幼儿自己去统计多少个班级种植了萝卜，都有哪些品种的萝卜……

（5）结合特定时间或特殊需求开展种植

教师会结合节气活动开展种植活动，在惊蛰、春分时节带幼儿一起种植各种蔬菜、栽种果树，在谷雨前后种植黄瓜、豇豆等。结合节气的探究开展种植活动，亲身感知老祖宗传下的智慧。教师还会鼓励幼儿结合饲养动物的契机来开展种植活动，例如为了喂养蚕宝宝，幼儿尝试种植桑树；为了喂养兔子，他们会种植胡萝卜、小麦草。这样的种植活动，帮助幼儿了解到生态环境链中动植物之间的相互联系，带给幼儿更多元的体验。

（6）种子博物馆

在学校公共空间中设置"种子博物馆"，并提供相应的科普绘本、植物实物等，幼儿一边阅读科普书籍，一边寻找各种植物的种子，并比较、观察、记录，激发对种子的探究兴趣。

幼儿可以在种子博物馆选取喜欢的种子进行种植活动，有了之前的探究过程，幼儿在种植过程中的观察更有针对性了，"这是杂草！不是小苗，土豆的苗是这样的！""这可不是野草，这是胡萝卜的花！我在书上看到过！""看，这是番茄的花！果然是黄色的！马上要结果啦！"……在自然探究的种植活动中，幼儿不再是被动的观察者，他们俨然成了"小小科学家"，仔细准确地识别农作物的成长阶段，在实践中验证书中看到过的"理论经验"，而农作物成长过程中的成功体验，也进一步激发幼儿深入探究的兴趣。

图 3-26　宜浩部种子博物馆位于阳光小屋　　图 3-27　茉莉部种子博物馆位于入园大厅

（7）趣味自然角

　　幼儿不仅把户外种植园变成了科学探索的乐园，更是在教师的支持下把教室里的自然角也变成了探究乐园。幼儿小组合作看哪种萝卜长得最快；因为菌

图 3-28　室内趣味自然角

图 3-29　正在搭建植物爬杆的幼儿　　　图 3-30　正在晒中草药的幼儿

类植物不适合种在室外，教室的阳台便变成了培植菌类的实验室；爬藤植物长大了，幼儿在教室里用建构材料搭建爬杆，助植物一"臂"之力；幼儿把育药田种的中草药采来晒在教室阳台上，这样研究起来更方便啦！

（四）照料一种动物

我们鼓励每个班级根据幼儿的兴趣，饲养相应的小动物。在养殖活动中，幼儿负责喂食、清洁和照料动物。这一过程不仅培养了他们的责任感与爱心，还让他们与动物建立起深厚的情感联系，进而增强他们对生命的尊重和珍视。同时，幼儿通过观察动物的行为习性及绘本阅读，能学习到动物科学的基础概念，激发他们的探究精神。

我们将照顾动物的体验活动进行细化，通过制订养护计划、季节性拓展活动、动物成长日记以及经验分享交流会等体验活动，帮助幼儿在照料过程中更深入地了解动物的饮食习性、行为特征等，从而优化并丰富他们的动物护理经验。

1.制订养护计划

当幼儿决定接纳一个新动物成员时，第一项任务是通过各种方式深入了解这种动物的习性。了解这些基础知识后，他们会着手制订一个全面的照料计划。这套计划涵盖了喂养时间、清洁安排以及健康监测等关键要素。

以照料兔子为例，以往在幼儿的印象中，兔子喜欢吃的是胡萝卜和青菜，但是一个班级的幼儿通过调查发现，兔子不仅喜欢吃胡萝卜，还需要大量的干草来维持消化系统的健康。因此，这个班级就安排每天三次的喂食时间，确保兔子有足够的干草和新鲜的蔬菜。同时，他们还了解到，兔子喜欢干净的生活环境，因此为了保持兔子的生活环境清洁，幼儿会轮流负责清理笼子，每天都会检查并补充清水。此外，通过调查，幼儿还了解到如何观察兔子的行为和身体状况，以便及时发现任何可能的健康问题。他们会记录兔子的体重、食欲以及活动量，确保这些数据在正常范围内波动。

制订养护计划，犹如开启一场与动物共舞的奇妙旅程。在一次次与动物相伴的日子里，幼儿围坐一圈，热烈讨论，积极查阅资料。他们深入了解了小仓鼠的生活习性，学会了如何用心呵护鹦鹉，知晓了小鸡的游戏天地，更幸运地亲眼见证了小鸭破壳而出的奇迹时刻。这不仅仅是一次关于动物照护的知识探索，更是一段关于成长、责任与爱心的温馨体验。

图 3-31　幼儿的动物养护计划

　　除了精心规划养护方案，掌握照料动物的精细技巧，幼儿还怀揣着对小动物的深切期待，用心为它们打造一个温馨而适宜的家园，以迎接这些新成员的到来。各班纷纷行动，以巧手匠心为小鸡编织坚固的"天网"，为兔子构建精致的"洞穴"，还别出心裁地用积木环绕出"蝴蝶轻舞的梦"。在木工坊里，师生

图 3-32　造鸡窝　　　　图 3-33　围蝴蝶屋　　　　图 3-34　造仓鼠屋

图 3-35　搭兔兔乐园

齐动手，锯末飞扬间，一座座小巧精致的仓鼠"别墅"悄然诞生。

2. 提供丰富工具，拓展体验

在动物饲养活动中，我们提供多样化的工具，旨在通过动手实践，引导幼儿学习照顾动物，并在此过程中融入劳动教育。

通过实践我们发现，动物照料需要三种类型的工具：照料工具、观察工具和防护工具。照料工具易于幼儿操作，让他们能亲自照料小动物；观察工具则激发他们的观察兴趣，使观察过程更加便捷；最重要的是，考虑到安全和卫生因素，我们还需要提供一些必要的防护工具，例如手套。

图 3-36　就近为幼儿提供各种工具便于他们照料动物

随着动物的成长，我们会适时地增添一些照顾工具和材料，以满足它们的生长需求。例如，当一些小动物开始产卵或生下小宝宝时，我们会提供孵化设备和照料工具。这些工具不仅能够确保小动物得到适当的照顾，还能帮助它们顺利度过成长的关键阶段。孵化设备可以提供适宜的温度和湿度环境，以促进卵的发育和孵化。照料工具则包括喂食器具、清洁用品等，以确保小动物在成

图 3-37   幼儿利用运动器械和废旧材料为鸭子打造游泳池

长过程中得到充足的营养和保持清洁卫生。

除了孵化设备和照料工具，我们还会根据动物的特定需求提供其他辅助材料。比如，对于需要攀爬的动物，我们会提供适当的攀爬设施；对于需要游泳的动物，我们会准备水池和游泳用具。这些辅助材料不仅能够满足动物的生理需求，还能为它们提供丰富的活动空间和娱乐方式。

总之，通过及时增添适合动物生长需求的照顾工具和材料，我们能够为动物提供更好的生活环境。这样的做法不仅有助于动物健康成长，还能让幼儿更好地了解和保护这些可爱的生物，更让幼儿在持续的照顾过程中养成爱护动物、保护动物的责任感。

3. 持续关爱与照顾，培养责任心

在幼儿饲养动物的过程中，幼儿最初总是充满热情，然而，随着时间的流逝，他们可能会逐渐忽视对动物的照料。这种情况下，一些动物可能因为缺乏照顾而死亡。尤其是对于需要冬眠的动物，教师更需要及时引导幼儿调整动物的生活环境，以避免悲剧的发生。

比如，在冬天，幼儿发现小乌龟不动了，有的说小乌龟死了，有的说小乌龟在睡觉，有的说小乌龟可能冬眠了。什么是冬眠？乌龟冬眠需要怎么照顾呢？于是教师引导幼儿进一步讨论和思考，最终通过查询多方资料与讨论，幼儿决定用积木先给小乌龟盖一个冬眠的窝，然后再给小乌龟增添一些冬眠的垫料等。

此外，在动物的一些特殊阶段，比如因季节转换或小动物繁殖期而需特别关照的时期，教师会针对不同的阶段安排特定的观察重点，比如春季着重观察动物的繁殖习性，秋季则关注它们如何为冬日做准备。

案例1： 帮鸭子过冬

在一个寒冷的冬天，大自然仿佛被一层寒霜笼罩，整个世界都变得清冷而寂静。幼儿在教师的陪伴下，像往常一样在户外活动。当他们不经意间望向身边的大树时，发现树干上缠绕着一圈圈的草绳，就像穿上了厚厚的毛衣，抵御着凛冽的寒风。

这时，一个充满好奇心和爱心的幼儿突然指着围栏里的两只鸭子说道："老师，你看那两只鸭子，它们站在水里，会不会很冷呀？我们要不要给它们重新搭建一个暖和的窝呀？"这个天真而又温暖的问题，就像一颗投入平静湖面的石子，瞬间引起了其他幼儿的共鸣。大家你一言我一语地讨论起来，纷纷表示赞同这个想法。

教师敏锐地捕捉到了幼儿这份纯真的爱心和探索欲望，决定组织一次特别的活动——帮助鸭子过冬。于是，教师微笑着对幼儿说："这是个非常棒的提议！那我们一起来想想办法，怎么帮助这两只鸭子度过这个寒冷的冬天呢？"

幼儿的热情被瞬间点燃，他们纷纷开动小脑筋，提出了各种各样的问题："鸭子是怎么过冬的呀？""我们要怎么搭建鸭窝才合适呢？""搭建鸭窝需要哪些材料呢？"……这些问题一个个摆在了大家面前。

在教师的引导下，幼儿开始分组进行深入的探索和研究。有的幼儿翻阅绘本，仔细地寻找关于鸭子过冬的内容；有的幼儿则收集干草、树枝、树叶等自然材料；还有的幼儿在家长的帮助下，准备了一些废旧的纸箱、塑料薄膜等材料，以确保鸭窝既坚固又保暖。每个小组都像一个小小的科研团队，分工明确，充满了探索的热情。

（案例提供者：陈小芳）

当有小动物迎来新生宝宝时，又会激发出一系列新的活动。

案例2： 迎接小鸡

　　中三班里迎来了几个特殊的"新成员"——一窝等待孵化的鸡蛋。这些鸡蛋被小心翼翼地放置在一个温暖、安全的孵化箱里，仿佛是一个孕育着无数可能的神秘宝藏盒。

　　幼儿每天都迫不及待地围在孵化箱旁，观察着鸡蛋的变化，他们的眼睛紧紧盯着那些看似毫无动静的鸡蛋，仿佛能透过蛋壳看到里面正在悄然发生的生命奇迹。教师借此机会，引导幼儿开始记录鸡蛋的变化过程。有的幼儿注意到鸡蛋表面有一些细小的斑点，便好奇地问："老师，这些斑点是小鸡的眼睛吗?"教师微笑着回答："这可能是血液在流动哦，小鸡正在里面慢慢长大呢。"

图 3-38　正在孵化中的鸡蛋

　　随着时间的推移，幼儿对小鸡出生的期待也越来越强烈。他们开始为即将到来的新生命准备温暖的小窝。

图 3-39　幼儿为小鸡造鸡窝

终于，在幼儿的翘首以盼中，一只只毛茸茸、湿漉漉的小鸡破壳而出。幼儿欢呼雀跃，小心翼翼地围在孵化箱边，看着这些新生的小生命。小鸡的到来，引发了更多新的活动。幼儿主动承担起照顾小鸡的责任，每天定时给小鸡喂食，换水，清理小窝。

图 3-40　破壳而出的小鸡

幼儿为这只来之不易的小鸡宝宝起名"30 号"，因为我们班一共 29 个幼儿，而小鸡宝宝也同样是班级的一员，是他们的小伙伴。随着小鸡的长大，小纸箱和幼儿自制的小屋已经容纳不下了，同时，也为了让小伙伴的生活更有趣、更丰富，在户外游戏时也能和自己一起出去玩耍，幼儿还在户外场地为小鸡搭建了活动空间，怕太晒，还在空间的一边撑起遮阳布。

图 3-41　幼儿在户外为小鸡搭建活动空间

（案例提供者：忻慧兰）

这些关于动物特殊阶段的课程活动，让幼儿近距离了解小动物的成长特点。通过亲身体验，他们更深刻地理解了动物的习性。而动物养殖、照料的活动不

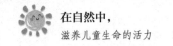
仅为幼儿提供了大量发现问题、解决问题的机会，更让幼儿在动手操作和亲身体验中，感受到生命的脆弱与顽强，更激发了幼儿的责任意识，学会尊重和关爱每一个生命。

4.追随儿童，开展项目化学习

当"照料一种动物"的课程开展到后期，教师也不再拘泥于开展特定的动物饲养活动，而是追随幼儿的兴趣点，开展一些随机生成的项目化学习活动，真正利用这类活动来促进幼儿的深度学习和全面发展。

案例3:　　　　　　　　　　　　**蜗牛秘境**

活动缘起:

在温柔的春风中，春分如约而至，万物复苏，大地披上了嫩绿的新装。这一天，阳光正好，微风不燥，幼儿踏上了期待已久的春季远足挖野菜之旅。

徒步到达目的地后，正当大家沉浸在寻找野菜的乐趣中时，一个幼儿突然发出了惊喜的叫声:"老师，看! 这里有好多蜗牛!"幼儿纷纷围拢过来，小小的蜗牛慢慢爬行的模样，瞬间吸引了所有人的注意。这些意外的"小客人"激发了幼儿无限的好奇心，他们决定将这些蜗牛带到幼儿园，开始一场特别的"蜗牛观察日记"……

图 3-42　幼儿发现蜗牛

（1）绿色"盛宴":为蜗牛觅食

幼儿细心地注意到蜗牛可能会饥饿，于是自发组织起来，为这些小生物策划了一场特别的"盛宴"。

幼儿走进幼儿园那片绿意浓浓的种植园地。正值春季，油菜花绽放出耀眼的金黄，幼儿收获已经成熟的油菜花，并将嫩绿的油菜叶摘下来，装进了篮筐里。

图3-43　幼儿用油菜为蜗牛准备"盛宴"

返回教室，幼儿变身成为小小的"建筑师"和"营养师"。他们一边轻轻地将油菜叶铺设在蜗牛的新家中，作为它们柔软的床铺和丰盛的食物来源；一边用油菜花点缀其间，为蜗牛营造出一个既美观又温馨的生活空间。

图3-44　幼儿用油菜叶为蜗牛铺设新家

（2）绘本探秘：蜗牛世界的奥秘

带着对蜗牛世界更深的好奇与求知欲，幼儿来到阅览室，挑选关于蜗牛的书籍。他们或独自翻阅，或围坐一圈共同探讨，小小的脸上写满了认真与专注。

图 3-45　幼儿在绘本中探究蜗牛的奥秘

"原来蜗牛真的有牙齿，而且是成千上万颗细小的牙齿排列在它们的舌头上，叫作'齿舌'！"一个幼儿惊奇地分享道。另一个幼儿则指着书中的图片说："蜗牛背着的壳不仅是它们的家，还能帮助它们保持水分，防止身体干燥。"每解开一个疑问，幼儿就仿佛打开了一扇通往新世界的大门，对蜗牛的认识也从表面深入到了内部结构。

这次阅览室的探索不仅解答了幼儿心中的疑惑，更激发了他们对自然科学的浓厚兴趣。通过阅读和讨论，幼儿学会了自主学习，在每一次探索中都能收获意想不到的惊喜。他们对蜗牛的关爱与了解更加全面，也为未来的自然探索之旅埋下了好奇与热情的种子。

（3）初次筑巢：蜗牛生态小屋建造

在成功为蜗牛准备了美味的油菜叶盛宴后，幼儿对这些慢行的小家伙愈发感兴趣。为了进一步营造适宜蜗牛居住的环境，他们决定深入探索蜗牛的生活习性。通过观看精心挑选的科普视频，幼儿惊喜地发现蜗牛偏爱阴暗潮湿的栖息地。这一发现立即激发了他们为蜗牛打造专属小屋的热情。

幼儿动手搜集材料，他们从教室的角落里找到了一块足够大的纸板，心中充满了为蜗牛建造家园的无限创意。大家将纸板轻轻覆盖在蜗牛的新家上，仿佛为它们搭建起了一座抵御外界纷扰的避风港。为了确保蜗牛能够自由呼吸，幼儿还小心翼翼地在纸板上戳出了一个小洞，这不仅是通风口，也是连接蜗牛与外界的一扇窗。

图 3-46 幼儿用纸箱重新为蜗牛建造新家

（4）雨后奇遇蜗牛

雨后的清晨，幼儿心中萌生了一个念头——在这片被雨水滋润的土地上，园外随处可见的蜗牛，或许也在班级的种植园地中安了家。

幼儿穿梭于种植园的各个角落，在花丛间仔细寻觅，惊喜地发现几只小巧

图 3-47 雨后幼儿在种植园寻找蜗牛

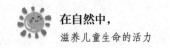
的蜗牛正悠闲地趴在翠绿的叶片上。而当幼儿的目光转向豌豆藤缠绕的攀爬架时，更是如同发现了宝藏，只见一串串豌豆荚之间，蜗牛们正缓缓爬行。幼儿轻轻地将蜗牛放入事先准备好的容器，准备带它们回到班级。

通过实践活动，幼儿学会了尊重每一个生命，理解了生物多样性的重要性，也让这次雨后的奇遇成为了他们心中难忘的记忆篇章。

（5）创意家园：再建蜗牛生态小屋

随着蜗牛小屋的日常维护，幼儿遇到了新的挑战：原本用于蜗牛食物和庇护的菜叶渐渐枯萎腐烂，这不仅影响了蜗牛的生活环境，也促使幼儿思考如何为蜗牛建造出一个更为持久且生态友好的家园。

图3-48　满是腐烂菜叶的蜗牛家园

① 设计梦想家园

在教师的鼓励下，幼儿拿起了画笔和彩纸，设计出心目中最理想的蜗牛家园。有的幼儿在设计图中加入了模仿自然洞穴的隐蔽空间，以提供更多的阴凉；有的则构思了多层次的绿植结构，旨在为蜗牛提供持续的食物来源。在介绍设计图环节，幼儿轮流上台，用稚嫩的声音讲述自己的设计理念，每一张图纸都承载着幼儿对蜗牛满满的爱与关怀。

经过激烈的讨论与投票，最终结合了最多创意的设计脱颖而出：以土壤为地基，周围设置围栏，插入竹竿作为攀爬架，顶部覆盖绿植，既保证了蜗牛生活的隐蔽性，又提供了充足的食物来源和自然遮阴。

图 3-49 幼儿介绍自己为蜗牛设计的梦想家园

② 材料收集与建造实践

有了明确的设计蓝图，幼儿便着手准备建造所需的材料。他们使用思维导图的方法，清晰地列出了建造蜗牛新家所需的一切：容器、土壤、围栏材料、竹竿、绿植等。在教师的陪同下，幼儿分工合作，有的负责收集容器，有的则穿上雨衣，勇敢地冒雨去户外挖掘湿润的土壤，确保蜗牛家园的土壤湿度适宜。

图 3-50 幼儿正在搜集建造蜗牛家园的材料

面对围栏尺寸过大的挑战，他们从美工区搜罗来冰棍棒，巧妙地将其插在容器边缘，既稳固又美观，完美解决了围栏的问题。随后，幼儿又前往种植园地，精心挑选了坚韧的竹竿作为蜗牛的攀爬设施，用彩色丝带固定，既实用又增添了家园的趣味性。

图3-51 幼儿正在合作为蜗牛建造家园

在一番忙碌与合作后，蜗牛的新家终于落成。这个以土壤为根基、绿植环绕、竹制攀爬架错落有致的小天地，不仅为蜗牛提供了舒适的生活环境，更是一个微型的生态系统，体现了幼儿对自然规律的理解与尊重。家园中，新鲜的绿叶既是蜗牛的食物来源，也保持了环境的自然循环，避免了之前菜叶腐烂的问题。

这个项目不仅是一次简单的手工活动，还见证了幼儿从发现问题到解决问题的全过程，培养了他们的合作能力、创新思维以及对生态环境的责任感。在这个过程中，幼儿学会了如何利用自然资源，以可持续的方式与自然共生，而蜗牛的新家，则成为了他们心中那份对生命热爱与尊重的最好证明。

（6）蜗牛爬行赛

在蜗牛的生态小屋升级完成后，幼儿的热情并未减退，反而因为新家的落成，对蜗牛的日常生活充满了更多的好奇与期待。为了更直观地观察蜗牛的行为习性，幼儿举办了一场别开生面的"蜗牛爬行赛"。

比赛前，幼儿兴奋地围坐在新搭建的蜗牛家园旁，家园中特意增设的攀爬架此刻成为了最佳的赛道。三只幸运的蜗牛被选中作为这场比赛的"运动员"，它们在幼儿的注视下，被轻轻地放置于攀爬架的底部，准备开始它们的慢速冲刺，幼儿却看得津津有味。"加油！小蜗牛！""慢慢来，你可以的！"幼儿的加油声此起彼伏，他们用最纯真的方式为这些小生命加油鼓劲。最终，随着一只蜗牛缓缓爬过了终点线，幼儿爆发出阵阵欢呼，庆祝这场蜗牛界的"速度与激情"。

图 3-52 幼儿正在观看蜗牛比赛

这场蜗牛爬行赛不仅让幼儿在轻松愉快的氛围中见证了蜗牛的日常生活，更重要的是教会了幼儿尊重每一个生命体的特性，无论快慢，每个生命都值得被关注与爱护。通过这样的活动，幼儿学会了耐心观察，体验了自然界的奇妙与和谐，也在此过程中培养了他们的同理心和责任感。

（7）小小科普宣传员

在项目活动的最后，幼儿将自己与蜗牛的故事和关于蜗牛的各种小常识绘制成海报，并化身小小科普使者，前往幼儿园小班进行宣传展示。比如，蜗牛在干燥时会躲进壳里休眠，雨天则是它们最喜欢的出行时光。弟弟妹妹们听得入神，不时发出惊讶的赞叹声，活动现场充满浓厚的学习氛围。

图 3-53　幼儿进行蜗牛的科普宣传

通过项目宣传活动，幼儿不仅对蜗牛有了更深刻的理解，还锻炼了他们的合作能力、创造力以及表达能力，更重要的是，学会了如何将知识以有趣的方式分享给他人，在心里埋下了热爱自然、探索科学的种子。

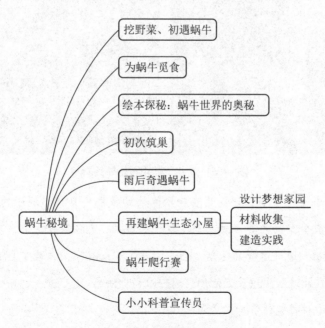

图 3-54　"蜗牛秘境"课程思维导图

（案例提供者：顾倩）

（五）开展一次远足

在自然体验活动的开展过程中，教师渐渐不满足于园内的活动，更乐于带幼儿到更广阔的小区和公园去接触更丰富的自然资源，在用好大自然这个活教材的过程中越走越远、越来越坚定。

组织一次远足活动通常包括以下几个步骤（见图 3-57），通过这些步骤，我们致力于营造一个跨教室的学习环境，让幼儿在更广阔的世界中享受探索的乐趣。

我们通过利用各类地域资源，积极开展多样化的远足活动。这些活动不仅将幼儿的学习空间从传统的教室环境扩展到了本部的幼儿园草地，更延伸到另一个园所、园外的公园、开阔的草地、菜市场等地。同时，我们还整合了其他资源，让活动空间进一步延伸到更远的地方，如一些种植基地，或者利用春秋游的机会，组织更多的探索活动。表 3-2 是我园教师根据各种地域资源开展的多种类型的远足活动。

图 3-55　各种叶子丰富幼儿的感知体验

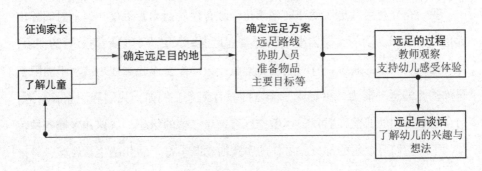

图 3-56　远足活动步骤

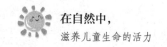

我们还建立了一套远足活动的电子方案库,实现了教学资源的共享与再利用。每位教师都能参与远足活动方案的制订和使用,确保每学期都有新鲜的资源更新和补充,实现远足活动课程的迭代更新。这种潜在的跨班级合作模式,不仅提高了资源利用效率,还促进了教师间的交流与合作。

表 3-2 我园远足活动地域资源统计

地域资源	具体内容
大草坪	捡落叶,做树叶贴画
	找颜色
	放风筝
	跳蚤市场
菜场、超市	结合主题,带幼儿了解认识各种蔬菜
	去超市采购
种植基地	割稻子
	挖红薯
	番茄采摘
	摘菜,制作蔬菜饺子
春秋游地点	了解观察各种动物
	了解观察各种植物
	收集种子
不同园部	开展不同园部之间的远足活动,利用不同园部的资源开展教育活动

我们充分利用远足活动开展多元化、综合性的活动,不仅在运动时间外出远足,还根据活动的实际需要灵活调整远足的时长,有时是一场短暂的探险,有时是持续半天的旅程,有时甚至是整整一天的深度体验。远足活动不局限于锻炼幼儿的运动能力,更融入了丰富的教育元素。例如,我们利用家长资源,结合远足带领幼儿前往农田,体验挖红薯、烤红薯的乐趣,认识并采摘各种蔬菜,了解它们可食用的部分。这样的实践活动既丰富了幼儿的生活经验,又让他们在自然中学习到了宝贵的知识。

我们深入挖掘远足活动的教育价值，通过延伸活动内容，拓展幼儿的经验。比如在远足过程中，鼓励幼儿收集各种落叶，并将这些落叶带回教室，以便在后续的各类活动中继续使用。这种持续性的探索活动不仅增加了幼儿对自然的好奇心，还培养了他们的观察力和责任感。

我们积极借助家长力量，统筹各种资源，拓宽远足活动的地域范围，丰富活动内容。同时，我们还邀请家长参与远足前的踩点工作，预先规划远足路线，确保活动的安全与顺利进行。在远足过程中，家长的参与为幼儿提供了更多的帮助和支持。

二、自然体验活动的课程化架构

在"五个一"自然体验活动的基础上，我们开展了更为多元和丰富的活动，经历了三个阶段的探索，并以此为基础形成了自然体验活动的课程化架构。

（一）从预设到生成的课程进化

回顾走过的来路，我们的户外自然体验活动经历了预设、预设加生成、生成三个阶段。从最初尝试与自然联结的以预设为主的课程，逐渐过渡到将室内外经验做持续性联结，形成预设与生成相结合的能持续推进的主题课程。如今，我们部分主题已经能够追随幼儿的兴趣，基于儿童立场来开展以生成为主的班本化课程，真正实现园本课程的内涵提升。

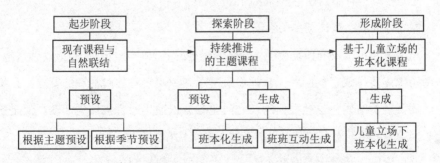

图 3-57　我园户外自然体验活动内容选择的历程

1. 起步阶段：预设为主

在起步阶段，自然体验活动是根据原有课程主题活动以及季节、节日等预设的一些活动，具体见表3-3。

表3-3　我园自然体验活动起步阶段的内容

按照形式分	与自然相关的日常活动		沙水游戏、户外自主游戏、户外艺术创意、种植园活动、散步等
	与自然相关的节庆活动		世界粮食日、地球保护日等
按照具体内容分	与自然相关的主题活动	小班	苹果和橘子、小兔子乖乖等
		中班	春天来了、火辣辣的夏天、美丽的秋天、寒冷的冬天
		大班	有用的植物、春夏秋冬、动物大世界、有趣的水
	与季节相关的自然体验活动	春天	风筝
		夏天	水枪大战、玩泡泡等
		秋天	落叶、秋虫等
		冬天	冰花、草地上的霜等

从表3-3中可以发现，起步阶段的自然体验活动内容比较丰富，但由于以预设为主，幼儿活动的行为多样性、动态发展性以及持续性并不高，有时候幼儿参与活动的兴趣也不是很高。但是通过起步阶段的探索，我们发现自然体验活动的内容不仅限于预设，幼儿在活动中通过与环境的互动会产生大量的教育契机，于是慢慢地开始出现一些生成的内容。

2.探索阶段：预设与生成结合

经历了起步阶段的预设活动，幼儿慢慢地对各种户外自然体验活动感兴趣，在活动中逐步生成一些问题。教师逐渐摸索到一些自然体验活动的要点，在组织开展活动的时候，也会根据幼儿的问题有意识地生成自然体验活动。但是这个时期的生成活动更多的是散点的，缺乏系统性和持续性。

这个阶段，活动内容有两个维度，横向是不同类型的内容，纵向是在活动开展过程中不同的具体内容。在预设的基础上，每个班级根据幼儿的兴趣和特点，又会生成一些新的活动，比如开展寻找秋叶的远足活动，园内的探究落叶活动、园外的挖红薯、割稻子活动，或者在园内组织一些春耕活动。

通过预设与生成的结合，这个阶段的自然体验活动的内容具体见表3-4。

表3-4　我园自然体验活动探索阶段的内容（节选）

主题	活动类型	生命体验	观察探究	文化体验
季节观察	生成	1. 桃花开了 2. 常绿树与落叶树 3. 一年四季的花	1. 趣探春菜 2. 春日种植	
	预设	1. 找春天 2. 拥抱冬天	1. 春天来了 2. 火辣辣的夏天 3. 美丽的秋天 4. 寒冷的冬天	1. 腊八节制作腊八粥 2. 小雪节气腌菜 3. 小雪节气腌鱼
自然现象	生成	1. 神奇的冰块 2. 邂逅冰霜	1. 我和风做游戏 2. 低飞的蜻蜓	1. 纸船大赛 2. 收集雨水
	预设	1. 冰冻花 2. 云朵创想	1. 风在哪里	1. 滴水节探秘水世界 2. 冬至的影子
动物照料	生成	1. 不一样的兔子 2. 兔子的美食	1. 趣味"虫"生 2. 你好，小蜜蜂 3. 乌龟冬眠	1. 保护蛞蝓 2. 寻找稀罕树种
	预设	1. 可爱的小兔子	1. 养蚕记 2. 蜗牛大探秘	1. 世界生物多样日
植物养护	生成	1. 多用的橘子皮 2. 鲜花拓印	1. 神奇的植物色素 2. 菜地引水 3. 探索自然色彩 4. 冬日的乌桕树	
	预设	1. 幼儿园里的中草药 2. 好吃的冬笋	1. 春天的花 2. 探秘南瓜 3. 美丽的郁金香	1. 丰收季割稻子 2. 丰收季挖红薯

3. 形成阶段：以生成为主

通过大量实践，自然体验活动的内容逐渐成型。表3-5呈现的是以四季为脉络的自然体验活动的内容框架。

表 3-5　我园自然体验活动形成阶段的内容

季节	年龄段	活动内容			
		生命感知型	艺术表现型	观察探究型	文化体验型
春（3—5月）	小班	春花、春菜、蚕宝宝、小蝌蚪	水滴画、花草涂鸦	寻春、探花、放风筝、春风	雨水、惊蛰、春分、植树节、世界水日、风筝节
	中班	春花、春天的农作物、桑树、蚕宝宝、孵蛋	摄影展、自然风铃、创意松果	虫虫博物馆、蚕宝宝、春风、春雨、春花	
	大班	不同的种子、扦插、爬藤植物、桑树、梨树、蚕宝宝、孵蛋	儿童摄影、大地披萨、花瓣拓印、花瓣信纸、写生、国画	蚕宝宝、春风、春雨、春天的野菜、有趣的爬藤、植物	
夏（6—8月）	小班	向日葵、荷花、牵牛花	各类涂鸦活动	沙的探究、水的探究、雷雨、荷花、牵牛花	立夏、小满、芒种、夏至、小暑、大暑、滴水节
	中班	向日葵、荷花、牵牛花	冰块画、泡泡画		
	大班	向日葵、荷花、牵牛花、小蚂蚁	冰块画、泡泡画、滴流创意画		
秋（9—11月）	小班	拾秋叶、种番薯	花朵拓印、水果娃娃、秋叶宝宝、松果滚画	南瓜、光影游戏、风的游戏、收清露、秋天色彩、剥橘子、秋天的味道、树胶	白露、秋分、寒露、霜降、立冬、小雪、中秋节、重阳节、世界粮食日
	中班	水稻、秋虫、蘑菇、桂花	落叶云肩、造鸟窝、棉花装饰画	菊花茶、秋梨汤、晒秋、甜蜜石榴、树干的秘密、吃柿子	

中间合并列：认识一株花（樱花、桃花、郁金香）　认领一棵树（桂花、银杏、无患子、乌桕）　种植一亩田（各类时令蔬菜）　照料一种动物（兔子、鸽子、鸡、鸭、乌龟、仓鼠、松鼠）

续表

季节	年龄段	活动内容			
		生命感知型	艺术表现型	观察探究型	文化体验型
秋（9—11月）	大班	拔萝卜、割稻	中草药颜料扎染、泥巴搭灶房、南瓜灯、向日葵写生、树叶拼贴	挖掘泥沟渠、自然香氛、秋天的果实、腌萝卜、做柿饼、种子的秘密、桂花糕	
冬（12—2月）	小班	兔子、动物冬眠	树叶门帘	剥花生、摘萝卜、挖红薯、收集春雨	大雪、冬至、小寒、雨水、腊八节、春节
	中班	小鸡、小鸭、农场探秘	冰冻花	腌鱼、腌萝卜	
	大班	小金鱼、鹦鹉、小仓鼠	树叶面具、拓印树纹、冻冰花	腊八蒜、塘村麦穗、探秘红薯藤、冬藏、搭暖棚、收集雨水及声音	

　　以下，让我们一同以一个充满灵动与趣味的兔子主题自然体验活动作为鲜活的范例，去探寻我们的自然体验活动，犹如生命成长般在三个清晰可见的阶段中逐渐升华、蜕变的奇妙历程。

　　在起步阶段，自然体验活动主要是在相应的主题下挖掘与季节、自然相关的一些活动。比如，小班教师会结合已有的"小兔子乖乖"主题，开展一些观察小兔子、喂小兔子的活动，但在阶段评估中我们发现，此类活动看似有了与自然物的接触，但实质上并未带给幼儿更丰富的感官刺激，并不能扩展幼儿的游戏和学习。

　　于是，在探索阶段，我们鼓励教师基于幼儿的学习兴趣，不断优化课程活动的设计和实施，力求为幼儿的全面发展提供更多元的支持。这个阶段，教师

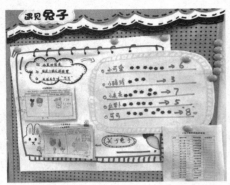

图 3-58 "小兔子乖乖"活动主题墙

在开展"小兔子乖乖"活动的过程中会尽可能将室内外活动的经验做联结，在室内做相关的讨论和学习活动，在户外进一步帮助幼儿积累关于兔子的经验，并基于幼儿年龄特点在户外活动中丰富环境创设和材料投放，如创设诱导桌，鼓励幼儿制作兔子头饰，为小兔提供食物，搭建小兔乐园以及绘画、表演等，

图 3-59 "小兔子乖乖"主题活动中教师创设优质的环境以丰富幼儿的活动经历和体验

开展与兔子相关的多元的跨领域活动，在多元互动中支持幼儿的学习与发展。

在此阶段的评估反思过程中，我们又发现了新的问题，如尽管活动的内容丰富了，但活动中幼儿的学习主体性不够凸显，幼儿无法在活动中获得连续的经验，深度学习较少。

因此在形成阶段，我们开始思考如何进一步凸显儿童权利、儿童主体，逐步构建基于儿童立场的班本化生成课程实践模式。比如，同样以兔子为例，在此阶段，教师根据幼儿想要为兔子寻找同伴的想法，生成了"兔子结婚记"的活动。教师一步步支持小班的幼儿去求助哥哥姐姐，帮助他们一起制作请帖和海报，邀请老师来参加婚礼，真正为幼儿营造出一个动态、开放的教育生态，在多元互动中激活和滋养幼儿的生命活力，在亲身体验中实现启智润心的教育。

求助哥哥姐姐做请帖、
剪喜字、做海报　　　　　给老师发请帖　　　　　欢乐的兔兔结婚典礼

图 3-60　教师鼓励幼儿作为课程主体开展各类生成性课程活动

（二）指向幼儿发展目标的自然体验活动分类

在丰富多彩的自然体验活动中，幼儿如同探险家般通过各种形式和方法去感知、探索和发现大自然的奥秘。我们根据自然体验活动对幼儿的主要发展目标，以及活动中幼儿所采用的探索体验方法，将自然体验活动进行了细致的分类，主要划分为生命感知型、艺术表现型、观察探究型及文化体验型四大类，每一类都承载着独特的教育意义与魅力，引领幼儿在自然的怀抱中茁壮成长。

表 3-6　自然体验活动的类型

一级分类	二级分类	指向重点
生命感知型	植物种植	习惯与自理
	动物照料	健康与体能
	生命教育	
艺术表现型	自然摄影	美感与表达
	自然涂鸦	语言与交流
	自然艺术	
	自然畅想	
观察探究型	初体验式活动	探究与认知
	微探究式活动	语言与交流
	项目式探究活动	
文化体验型	节日类活动	自我与社会性
	节气类活动	语言与交流

接下来将从四类活动的概念、特质以及内容进行详细的阐述。

1. 生命感知型

生命感知型自然体验活动是指幼儿在照顾、观察植物和动物的过程中，初步了解、感知每一种植物、每一种动物都是生命，它们按自己的规律生长，幼儿初步了解人与环境的依存关系。同时，幼儿在照顾、观察中发现问题，教师基于这些问题引导幼儿解决问题，这些照顾、观察、发现问题以及解决问题的过程就是生命感知型自然体验活动。

根据活动指向的对象进行分类，生命感知型自然体验活动主要分为植物种植、动物照料以及生命教育三大类。植物种植活动主要包括：认领一棵树、种植一亩田、认识一株花、丰收节、植树节；动物照料活动包括：班班饲养小动物、轮流照料园所动物。在植物种植、动物照料的过程中，引导幼儿感知生命的生长过程、成长规律，从而萌发关爱生命的情感。

2. 艺术表现型

艺术表现型自然体验活动是指幼儿在户外自然环境中，在观察自然风景、体验自然现象以及与自然互动的情境中，萌发出艺术创造和表现的欲望。幼儿利用一些自然材料（树叶、树枝、泥巴、石头等），结合画笔、颜料等进行创造和想象的美术活动；利用一些自然材料，模仿、创生一些有关声音和动作的音乐活动；借助电子设备捕捉自然中特有的艺术产物，形成一些自然摄影作品。幼儿通过一系列的艺术活动表现自己对自然、对世界的感知和了解。

艺术表现型自然体验活动主要分为自然摄影、自然涂鸦、自然艺术和自然畅想。自然摄影是指幼儿利用家中的旧手机，在园内或者园外拍摄自己喜欢的或者想要拍摄的自然景物。自然涂鸦是指幼儿在户外环境中，以幼儿园的大树、井盖、栅栏、涂鸦墙等为场地，利用各种绘画工具和颜料进行涂画。自然涂鸦打破平面纸张的限制，突破图画材料和时空的约束，支持幼儿把自己对游戏物象的认知通过自然材料大胆表现出来，在活动时加入自己的自然观察。自然艺术是指幼儿与教师在幼儿园、小区、公园等户外捡拾各种落叶、树枝、石头、松果等自然材料，并借助胶水、胶带、画笔、颜料、纸等辅助材料，来玩各种绘画游戏。自然畅想是指幼儿用肢体动作或者声音等表现自己对自然观察的感想，愿意模仿自然中的各种现象。

3. 观察探究型

观察探究型自然体验活动是指幼儿在与自然情境或自然物互动的过程中，通过直接感知、亲身体验和具体操作的学习方式，在观察、比较、假设、探究、记录等科学探索活动及其他领域的活动中学习和发展的活动。

根据不同年龄段幼儿的特点和发展水平，观察探究型自然体验活动又可分为以下三类：

（1）初体验式活动：教师组织幼儿通过不同感官的体验活动，结合不同领域的学习和游戏，初步萌发热爱大自然的情感，初步了解大自然中不同事物的明显特征。这种类型的活动更适合小班的幼儿去体验。

（2）微探究式活动：教师关注幼儿在户外活动中的小话题、小事件、小问题，从中捕捉其中蕴含的教育价值，从这些具体、好操作的小探究点着眼，抓住幼儿的兴趣、问题和困惑，不断地形成一个小的问题链，继而引导幼儿连续地发现问题、解决问题的一种探究活动。

（3）项目式探究活动：相比于持续探究型活动，项目式探究活动的结构更高一些。它是指幼儿在活动中持续深入地探究活动中的相关驱动型问题,对核心知识、学习历程深刻理解,创造性地调动知识、能力、品质等解决问题,并形成公开结果的过程。项目式探究活动中,幼儿可以将真实世界和知识联系起来。活动最终的效果是让幼儿深度理解知识,即幼儿能够在下一次遇到困难时通过知识的迁移、运用、转换,衍生出新知识,并运用周围的资源解决问题。

4. 文化体验型

文化体验型自然体验活动是指教师有目的地让幼儿沉浸到关于节日或节气文化的环境中,身临其境地感受和感知节日、节气文化的特点。幼儿在活动中通过触摸、观察、交流、亲历、操作等,感知人类与自然的关系,建构节日、节气文化的独特意义,产生对节日、节气文化的感知认识。同时,也可利用不同区域的文化特质,为幼儿提供丰富的活动体验,如腊八节,体验南方的腊八粥和北方的腊八粥是不同的。

表 3-7　文化体验型活动类型及内容（节选）

节日类型			活动内容
公共节日	国际生物多样性日		领养一种动物
			认识一种花
	植树节		认领一棵树
			种植一亩地
节日	园本节日	滴水节	玩水
			泡泡飞上天
			小船大赛
		丰收节	割稻子
			挖红薯
			各种采摘活动
		风筝节	了解风筝
			制作风筝
			风筝满天飞

续表

节日类型		活动内容
节气	惊蛰	园内外寻找春天苏醒的动物
		感知气温的变化
		观察植物的变化
	春分	园内外寻找春天
		园外寻找春菜
		制作春菜美食
		小菜园进行春耕
		认识种子
		播种

在具体的实践中，我们尝试利用和自然相关的各种节日、节气活动来丰富幼儿的活动经历与体验。比如每学年的第一学期，我们会开展丰收节、冬日节，第二学期，我们会开展植树节、风筝节、滴水节，每个月每个班还会开展不少于1次的班本化节气活动。

比如春天，教师会带着幼儿制作一些属于春天特有的菜肴，如荠菜、春笋等；当夏天来临的时候，教师会带着幼儿开展立夏煮蛋活动；秋天会带着幼儿煮梨汤喝；冬天则一起腌制腊八蒜，煮上一锅热乎乎的腊八粥一起分享。

除了季节性的体验，教师还会引导幼儿体会蔬菜从田间走进餐桌的过程。当蔬菜在种植区成熟时，教师会引领幼儿进行一次采摘之旅。这些新鲜的蔬菜随后会被带往烹饪室，幼儿将亲自清洗和切配蔬菜，并在教师的指导下完成烹饪的步骤。在这个过程中，幼儿不仅能够通过嗅觉深入体验蔬菜的独特香气，还能亲手触摸，感受其质地，最终品尝到自己亲手制作的美味佳肴。

案例： 荠菜香香

一个班级的幼儿在种植区散步的过程中发现了一种可以吃的野草——荠菜。这种野草也可以吃吗？让我们一起来观察它长什么样吧。

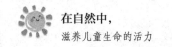
海宝："你瞧，荠菜有许多叶子，还有许多茎。"

欣欣："荠菜是长长的，它的茎很细很细。"

泽泽："我发现荠菜有白色的茎、绿色的叶子，叶子形状像一棵树，很漂亮。"

墨墨："荠菜是绿绿的，叶子尖尖的。"

笑笑："荠菜叶子有点像一颗爱心。"

琛琛："撕开荠菜叶子是香香的，很像青菜的味道。"

图 3-61 幼儿包荠菜馄饨，品尝荠菜馄饨

幼儿通过看一看、摸一摸、闻一闻，从颜色、形状、触感、气味等多方面感知荠菜。荠菜可以做哪些美食呢？幼儿开始热烈讨论起来，最后大家一致决定制作荠菜馄饨。

（案例提供者：王程）

三、自然体验活动中的教师支持策略

　　在自然体验活动中，幼儿与环境的每一次互动都是探索世界的珍贵契机。作为教育者，如何以科学、细腻的支持策略为幼儿搭建成长的"脚手架"，成为教育实践的核心命题。马赛克方法为我们提供了多维视角，通过倾听幼儿的声音、捕捉他们的图像与叙事，将碎片化的观察转化为理解幼儿需求的完整图景；而"倾听与对话"不仅是尊重幼儿主体性的体现，更是构建信任关系、激发深度思考的桥梁。在此基础上，教师通过持续性的观察与动态评估，能够精准识别幼儿的兴趣与发展节点，继而以高质量的师幼互动回应其探索——无论是开放性的提问、适时的引导，还是共同解决问题的协作，都能将自然情境转化为生动的学习场域。这些策略的有机融合，不仅赋予自然教育温度与深度，更让幼儿在自主发现、合作反思中成长为积极的学习者与世界的对话者。

（一）马赛克方法：理解幼儿的一百种语言

　　要深入理解幼儿的一百种语言，高质量的倾听是关键。如何实现高质量的倾听呢？仅仅与幼儿聊天、听他们说话是否足够？这样一对一的倾听能否捕捉到幼儿内心真实的声音？面对那些不擅长用言语表达的幼儿，我们又该如何进行有效的一对一倾听呢？此时，马赛克方法走入教师的视野，为教师提供了新的支持策略。

　　作为一种研究范式，马赛克方法的核心在于多元化的信息收集。它是结合传统研究方式（如通过观察、访谈）和以参与性手段（如儿童摄影、幼儿园之旅、绘画、装扮等）的应用为特色的新方式，以解决幼儿在传统科学研究中遇到的困难，这样的研究方法对于倾听幼儿、支持幼儿的深度学习具有重要的指导意义。它鼓励我们观察幼儿的非言语行为，如面部表情、肢体动作等，并通

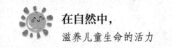
过多种研究工具的使用获取幼儿的经验或看法，每种工具获取的信息都将形成一片"马赛克"，将它们放在一起，就构成了有关幼儿及其看法与经验的完整图画，也形成了一个基于幼儿视角的对相关事物展开对话、反思和解释的基础。

马赛克方法是一种融合了多元方法、多重声音的研究方式，它把不同的视角结合到一起，以便和幼儿共同构建一幅有关幼儿世界的图景。马赛克方法基于幼儿立场，倾听幼儿声音，鼓励幼儿多角度表达自己的想法和经验，从而让成人能够洞悉幼儿的世界，支持幼儿在活动中思考、探索、发现和创造。

案例 1：　　是瓢虫？是西瓜虫？还是其他什么虫？

一、缘起：关于虫子的讨论

运动时间，罗云熙发现了一只虫子，她叫来了董修齐一起看，董修齐说："这是瓢虫，我见过的，而且是七星瓢虫。"旁边的涵涵看到后说："不对，这是西瓜虫。"胆子大的冉冉过来抓起虫子放在手心观察了一下说："这不是西瓜虫，因为西瓜虫如果碰了它会变成一个球，就像西瓜一样圆圆的，这是昆虫。"董修齐说："这不是昆虫，你看它背上有黑点点，有点点的是瓢虫。"正在他们争论的时候，姜正宇把冉冉手上的虫子直接拍到地上，然后一脚将其踩扁了。姜正宇的行为终止了他们的争论，这时候幼儿都开始埋怨姜正宇。

教师的思考：这次关于虫子的争论，让我好像看到了幼儿对各种虫子的兴趣，也大致能判断他们对虫子初步的经验，但是要不要抓住这个契机推进下去呢？目前有三个不确定性：

不确定性一：幼儿兴趣内容的不确定性，即幼儿感兴趣的到底是虫子什么方面的内容？

不确定性二：兴趣指向对象的不确定性，即这是个别幼儿的兴趣，还是班级里全体幼儿的兴趣？

不确定性三：推进方法的不确定性，即如何将幼儿的兴趣转化为思维课程，从而推进幼儿围绕虫子开展深度学习？

在自然体验活动中，我们随时都有可能产生课程，这些生成性的课程是没有剧本的即兴表演，所以在自然体验活动中需要教师根据学习情境中幼儿的真实反应灵活地调整发展的方向。这样的课程是基于儿童视角出发的，但是因为幼儿在与周围世界互动时产生的兴趣总是五花八门、瞬息万变，其中包含很多的不确定性，教师如何在这些不确定性中寻找可能性呢？这其中一定有规律可循，于是根据本次活动中的不确定性，我开始了我的尝试。

二、初次运用马赛克方法确定幼儿的兴趣内容及兴趣指向的对象

马赛克方法非常适合在自然体验活动中倾听幼儿，了解幼儿的兴趣内容，于是在本次课程实践中我尝试运用马赛克的一些方法倾听幼儿对虫子感兴趣的内容，同时确定不同幼儿感兴趣的内容是什么。

（一）儿童会议：说说发生的事情

这次关于虫子的讨论，以虫子被踩死而结束，于是我组织儿童会议，引导幼儿说说刚刚发生的事情。在儿童会议的过程中进一步判断幼儿对本次事情的兴趣点是什么？

董修齐："就是因为姜正宇，他把虫子踩死了。"

舟舟："不然我想要养这只虫子的。"

沈煜航："是什么样的虫子，我没有看到。"

舟舟："是西瓜虫，我一抓它，它就变成圆圆的了。等一会我松开，它又会动了。"

董修齐："它的背上有点点，是瓢虫。"

张恒源："瓢虫是昆虫，我妈妈跟我讲过，因为它有六条腿。"

…………

几个参与的幼儿带着其他幼儿一起讨论开来。

教师思考：通过本次儿童会议，我发现大部分幼儿对虫子产生了兴趣，在讨论中也有一些经验丰富的幼儿对昆虫的概念有着模糊的了解，知道昆虫是有六条腿的，但是其他幼儿还不是特别了解。同时，他们认为幼儿园里还有这种虫子，于是我们继续追随幼儿的脚步，一起去幼儿园里找虫子。

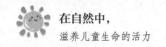

（二）幼儿园之旅：找找幼儿园里的虫子

通过上一次的儿童会议，幼儿商量要重新去幼儿园里找虫子，于是找虫子行动开始了。刚刚走出班级，就有幼儿在种植角发现虫子的身影。

董修齐说："这是蚜虫，瓢虫喜欢吃蚜虫。"

在户外的墙上，乐乐发现了鼻涕虫，不过涵涵觉得那是蜗牛。

在叶子上面，董修齐发现了瓢虫；

在地上，杨如卿发现了蚂蚁，胆子大的涵涵把蚂蚁放在手掌上看，他说："蚂蚁有六条腿，它是昆虫吧？"

舟舟再次发现了上次被踩死的虫子，她抓起一只准备带回去养；

在小菜园里，我们发现了更多的虫子，有蚂蚱、有毛毛虫，还有已经干死的鼻涕虫。

在这个时候幼儿都还是各找各的，当我们走到西草坪，舟舟喊："快看，这里有好多蚂蚁。"于是一群幼儿围在树根下讨论起来：这里为什么有这么多蚂蚁？蚂蚁是在搬家吗？最让幼儿兴奋的是，他们发现了跟蚂蚁长得特别像的但是长了翅膀的虫子，这是什么呢？有的说是蚂蚁王，有的说不是蚂蚁，因为蚂蚁不会长翅膀，各种猜测。最后我们来到蔡园，又看到了这个虫子，幼儿更加兴奋了……

教师思考：在本次幼儿园之旅中，幼儿发现了各种各样的虫子，幼儿对各种虫子的兴趣也不一样，如舟舟最感兴趣的是西瓜虫，董修齐最感兴趣的是瓢虫，还有最吸引大部分幼儿兴趣的是长得像蚂蚁长翅膀的虫子。为进一步确定不同幼儿的兴趣点是什么，于是我决定采用儿童绘画的方式再次了解幼儿感兴趣的内容。

（三）儿童绘画——画一画我们找虫子的故事

回到教室后，我让幼儿画一画找虫子的故事，通过观察幼儿的画，我发现，很大一部分幼儿画的是树根下的蚂蚁，还有的幼儿把长翅膀和蚂蚁很像的虫子画得非常大。有个别幼儿画的是其他，如董修齐画的是瓢虫抓蚜虫的景象，张恒源画的也是瓢虫，舟舟画的是手上有个圆圆东西的虫子……但有的幼儿画得有些抽象，不是很能看明白画的是什么。

教师思考： 因为无法判断幼儿具体画的是什么，于是我决定对幼儿开展访谈。

（四）儿童访谈：说一说找虫子的故事

接下来我访谈了一些已经画好画的幼儿，我发现班级里所有幼儿感兴趣的是像蚂蚁长翅膀的虫子，而且对蚂蚁搬家这个事情很感兴趣。

教师思考： 通过访谈，我进一步确定了大部分幼儿感兴趣的内容，于是决定循着这个点去开展班级的课程。同时针对董修齐、张恒源、冉冉他们感兴趣的虫子，我决定也对他们开展个别的跟进，进而做到既能兼顾集体的兴趣，又能跟进个别幼儿的兴趣。

三、再次运用马赛克方法，支持幼儿深度学习

通过马赛克方法的初次使用，我明确了幼儿的兴趣点是长着翅膀像蚂蚁的虫子是什么虫子以及蚂蚁搬家的事情。在幼儿兴趣点的基础上，我再次运用马赛克方法，支持幼儿的深度学习。

（一）运用马赛克方法探寻核心问题

核心问题是驱动深度思考、开展知识迁移与运用的重要载体。那么幼儿对于蚂蚁的兴趣，他们的核心问题是什么？于是我再次运用一些马赛克方法探寻幼儿的核心问题（见表3-8）。

表3-8　马赛克方法探寻核心问题的梳理

马赛克方法	教　师	幼　儿	核心问题
儿童会议	关于蚂蚁你都了解些什么	1. 蚂蚁不会飞 2. 蚂蚁有六条腿 3. 蚂蚁有红色的，红蚂蚁很厉害 4. 蚁后是很大的 5. 我听说蚁后会飞 6. 蚂蚁虽然小，但是力气很大 7. 蚂蚁喜欢吃甜东西 8. 有的蚂蚁会咬人 9. 蚂蚁头上有触角，它们用这个说话 10. 快下雨了蚂蚁会搬家 11. 蚂蚁搬家都会搬到哪里去	从儿童会议、儿童绘画以及儿童访谈可以综合看出，关于蚂蚁的核心问题是： 1. 蚂蚁的种类及外形 2. 蚂蚁的分工 3. 蚂蚁为什么要搬家？怎么搬家的
儿童绘画	画一画你知道的蚂蚁的事情		
儿童摄影	拍一些关于蚂蚁的照片		

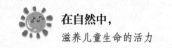
通过几种马赛克方法可以知道，幼儿关于蚂蚁的核心问题有三个，接下来根据这三个核心问题，进一步地采取相应的策略和方法支持幼儿的深度学习。

（二）运用马赛克方法设计真实性的学习任务

真实性的学习任务能为学生开展积极的心理操作与意义建构、知识的迁移与运用实践、提供"事"的情境与载体，是深度学习发生的首要条件。本次关于蚂蚁的探究，将根据核心问题，继续使用一些马赛克方法帮助幼儿设计真实性的学习任务，继而支持幼儿的深度学习（见表3-9）。

表3-9　运用马赛克方法设计真实性的学习任务的梳理

核心问题	支持措施	马赛克方法
蚂蚁的种类及外形 蚂蚁的分工 蚂蚁为什么要搬家？ 怎么搬家的	1. 绘本阅读 2. 集体活动 3. 观看相关视频 4. 亲子调查	1. 儿童会议 2. 儿童摄影 3. 儿童访谈 4. 地图制作

（案例提供者：陈小芳）

在上述案例中，我们发现，马赛克方法的运用，有助于促进幼儿学习的迭代升级，实现深度学习。但是，马赛克方法的运用不是一劳永逸的，而是在倾听与回应中不断前进与更新的，从上一轮马赛克方法的运用中抽取关键性的信息，再进行新一轮马赛克方法的运用。在倾听与回应的无数次来回中，教师引导幼儿不断反思，解决问题，滚动式推进项目走向深入。

案例2：　　　　　　　　　啊！蚊子！

夏天除了有幼儿喜欢的西瓜、冰激凌、玩水之外，还有让幼儿厌烦的蚊子。随着天气越来越热，幼儿时不时跑过来跟我说："老师，我的手好痒！""老师！我又被蚊子咬了！""老师，蚊子为什么一直咬我啊？""蚊子也很喜欢咬我！为什么哪里都是蚊子！""唉！蚊子真讨厌！"……

蚊子是夏天最常见的，何不让幼儿深入地了解一下它呢？一开始我很想了解幼儿对于蚊子都有哪些兴趣点，又有一些什么困惑。于是我组织了儿童会议，在儿童会议中，幼儿纷纷说出自己的想法：

王之行："为什么蚊子要咬人啊？"

Seven："因为它饿了吧！"

小哈："因为它是害虫！"

Seven："我想知道蚊子的血是什么样的？"

途途："我知道！蚊子的血和我们人的血是一样的颜色，我妈妈拍死蚊子的时候我见过的。"

Seven："那是蚊子已经吸了我们的血，可是我想知道蚊子本来的血是什么样的。"

静远："为什么被蚊子咬了之后会长一个包啊？还很痒！"

舟舟："蚊子为什么会嗡嗡嗡地叫？"

皮皮："我知道！因为蚊子的翅膀会煽动，然后发出来嗡嗡嗡的声音。"

…………

讨论中，很多幼儿都发表了自己的想法，但是也有一些幼儿没有说话，为了了解所有幼儿的想法，我又组织幼儿将自己想要了解的内容画了下来。

图3-62 儿童会议——关于蚊子的讨论

图 3-63　儿童绘画——关于蚊子想要了解的内容

图 3-64　找找幼儿园哪里有蚊子

图 3-65　儿童摄影——幼儿园哪里蚊子最多

图 3-66　儿童调查——我知道的驱蚊神器

图 3-67　亲手制作驱蚊香包

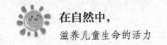
在儿童会议和绘画活动中，幼儿在彼此的启发下，发现了蚊子的诸多有趣之处。这些发现进一步激发了他们对蚊子的好奇心，使得关于蚊子的探索逐渐在他们中间传播开来。

有的幼儿希望教师提供一些有关蚊子的绘本，有的回家追着爸爸妈妈问各种关于蚊子的问题，还有的则拿着放大镜细致观察蚊子……关于识蚊、寻蚊、驱蚊的各种探索也就应运而生。

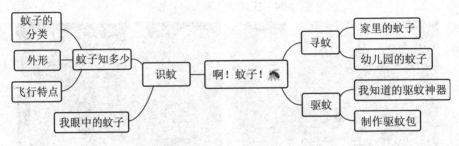

图 3-68　关于蚊子的课程思维导图

（案例提供者：宋佳洁）

在这个案例中，教师巧妙地利用幼儿日常生活中常见的蚊子，通过马赛克方法中的儿童会议、儿童绘画和儿童摄影方法，引导他们在互动中发掘蚊子的有趣之处。这种互动不仅增强了幼儿对蚊子的兴趣，还激发了他们进一步探索和学习的热情，开启了幼儿自主学习的旅程。

（二）隐性支持：创设自由探索的空间

在户外开展自然体验活动时，宽阔的场地、自然的光线条件等都能让幼儿的身心得到放松，交流讨论也较于室内活动更加积极，可以说是一个高质量互动的物理环境。此外，教师还应当努力为幼儿营造高质量的人文环境，如为幼儿提供能自由交流的环境，让幼儿能根据自己的需要及时与同伴、教师进行交互。

1. 创设有吸引力的物理空间

在自然的户外体验活动环境创设过程中，教师应有意识地传递出欢迎幼儿去大胆探索的"信号"，提供一些线索鼓励幼儿投入新的发现。如在幼儿园的角

角落落进行精心的布置，使幼儿园的一花一树、一草一木等都能成为幼儿有兴趣探究的对象，生成幼儿自发性的课程。

比如各班级认领一棵树，并在树上挂上了富有班本个性化介绍的树名牌，供幼儿园其他幼儿在散步、活动时能有机会认识园里的每一棵树；在一些树上，教师与幼儿共同构筑了鸟巢，在树下架起梯子固定，使幼儿能时刻关注到鸟巢内的情况；有的树下布置了一些借助树为居住媒介的动物模型，如松鼠、昆虫等，周边环绕一些蘑菇造型、小房子等，俨然是可爱童话世界小景；在泥土较多的地方配备了种子收集箱，呈现了贴近幼儿生活的各类种子；每个区域旁都设有憨态可爱的小木屋，里面陈列了与周边环境、材料相关的绘本等；同时，多元的区域选择也满足了幼儿的探索欲望，如沙池、泥地、水塘及草地等，充满自然野趣……在这样丰富的环境中，幼儿在不经意间就能发现与自然相关的线索，从而萌发积极探索环境、大胆使用材料的兴趣。

图 3-69　幼儿自制的树名牌　　图 3-70　鸟巢观测点　　图 3-71　松鼠养殖屋

图 3-72　种子收集站　　　　图 3-73　便于存放材料的小木屋

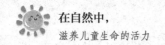
2. 创设有温度的人文环境

除了蕴含着教育价值的外部自然环境，富有温度的人文环境也相当重要，特别是建立起相对清晰的活动流程，并提供幼儿与教师、同伴交互的机会，能够帮助幼儿更加专注、坚持地投入活动。如在每次自然体验活动开始前，教师与幼儿都会对近日或近阶段的活动情况进行简单回顾：今日活动计划、想要解决的问题、探究中的发现、梳理出的有效策略或社会交往的一些方法等；在活动中，教师可以根据幼儿的需要，寻找时机开展个别谈话、插入式分享等；在活动结束时，总会有一个集体分享环节，鼓励幼儿交流收获、分享经验及互相解惑等；在活动后，幼儿也可以回到教室将自己的探究过程通过符号、图画及音频等方式记录下来，作为延续分享的媒介。有秩序感的活动环境、有充分探究的活动时间以及形式多样的交流机会，为幼儿的自然探究过程提供了高质量的保障。

案例： 一波三折的陶泥馆

在教室门口游戏的时候，幼儿总喜欢用小铲子在草地里挖呀挖，有的幼儿会将泥巴和树叶混在一起变成果汁，有的幼儿会将泥巴炒碎变成各种各样的美食。基于幼儿的兴趣，我们开设了泥巴厨房，提供了有关泥巴的诱导桌促进幼儿游戏。相较于沙水池玩泥巴厨房的便利，草地的泥巴游戏总会受到卫生以及场地的限制，因此，我们将幼儿自己收集的泥土置换为陶泥。置换材料后，幼儿在玩的时候就出现了问题。

橙宝："老师，这个陶泥有一点硬。"

教师："要么我们加点水？"

一凡："我有喷壶，我去灌点水。"

（找寻喷壶灌水）

一凡："我来了，我们喷一点水它就能变软了，然后一压就变成了泥巴'披萨'。"

橙宝："够了够了，我们试一试。啊呀！它太滑了，又滑又黏。"

一凡："它变成鼻涕一样了，太恶心了。"

芃芃："是的是的，这个陶泥黏在我的菜板上了，我做的饼干都拿不下来。"

我发现虽然陶泥和幼儿平时玩的泥巴长得很相似，但是操作时完全不一样，于是基于几次不太成功的探索，我在想怎么办呢？首先，我想听听幼儿的想法，于是进行了一场围绕"陶泥和草地里的泥土有什么不一样？"的讨论。

一凡："泥土加水揉一揉就能变成一团，压一压就能变'披萨'，但是这个陶泥一加水就变得很滑，拿也拿不起来。"

芃芃："对的，对的，就是会黏住。"

橙宝："就是它有点硬，不能像泥土一样变成炒饭。"

小梓儿："然后它很容易干，干了之后就更硬了，做东西的时候会裂开来。"

开心："它很重很黏。"

对于陶泥，幼儿在操作之后也有了自己的理解。我们之前提供了有关玩泥的书籍，如《泥巴书》《下雨天玩泥巴》等，在运用真实的泥土时，幼儿根据上面的图示很容易就做出自己想要的泥巴作品。但是当换成陶泥后，就会出现很多问题，特别是加水让陶泥变软需要反复地用力地揉搓，同时加水量也十分讲究，因此对于小班的幼儿来说，玩陶泥的时候有一定难度，幼儿的兴趣也开始慢慢地变弱。那么是否还要继续采用陶泥呢？

我开始上网搜索，希望能够找到相关的答案。在寻找过程中，我发现了玩陶泥需要的一些辅助材料，我想这些材料或许能够再次调动幼儿的兴趣，也能让陶泥塑形变得简单一些。于是我购置了塑形铲、陶艺转盘，以及生活中常用的烘焙模具、压模工具、压泥器等。

有了这些工具之后，操作难度有所降低。比如，幼儿如果想要制作饼干，只需要用压模工具轻轻一压，饼干就做出来了。看似简单的改变，解决了幼儿在塑形方面的困难，让他们在玩陶泥的过程中有了成功的体验。

但是之后我又发现，自从有了模具，幼儿作品的造型也没有以前玩泥巴的造型丰富了。于是我向幼儿提出了疑问：

盼月："我觉得做饼干就很好了，然后撒点小花瓣。我吃的饼干是一层的。"

六六："我吃过夹心饼干的，有三层。"

教师："对啊！饼干不仅有不同的形状，还可以有好几层，不同口味。我们可以试试贴在一起变成更美味的饼干。"

曼熙："贴不起来的，老师，上次我贴过的，干了之后它会掉下来，贴不起来。"

教师："那怎样让它黏起来呢？"

开心："我给它在这里加点水，可以黏住。"

彤彤："我感觉用胶水也可以把它黏起来。"

教师："都是好方法，我们今天来试一试。"

我发现幼儿很有自己的办法，也十分愿意尝试，可是往往刚制作出来的时候很完美，但是晒干之后发现还是会分开，如何让陶艺作品不坍塌是一直困扰幼儿的一个难题。由于这一难题难以解决，因此幼儿在制作陶泥时依旧停留在

图 3-74　陶艺区的环境创设

图 3-75　专注于探究陶泥的幼儿

最初的体验。这个难题一直困扰着我，是只有我们在制作时遇上这一问题，还是大家都在刻意呈现陶艺完美的一面呢？搜寻网络上其他幼儿的立体作品，我发现，要么是拉坯作品，要么是没晒干的陶泥作品，极少有干燥的陶泥叠加的作品，说明在实际操作中大家都能发现这一问题，只是忽略了这种不完美。我想陶泥之所以神奇，在于干燥之后它会变坚固、可以上色、有更多可玩性，那我们该如何更好地利用这一特性呢？

在外出培训的过程中我得到了解答，陶艺的层叠需要湿土作为黏合剂，可以给幼儿准备一罐调好的湿陶泥作为浆糊黏合剂给幼儿使用，不然很难黏合成功，并且需要较为精确的涂抹位置。

于是我尝试着听取建议，给幼儿准备了调制好的陶泥胶水，但是小班的幼儿更喜欢用手体验，常常玩着玩着将不同性质的黏土又混在了一起，可见这个方法对于小班幼儿而言有一定难度，那又该怎样让陶泥黏合成功或者用其他的方法给陶泥提供支撑呢？我们又进行了一系列尝试，幼儿在活动中选择了低结构材料进行探索，最后直接利用吸管插在陶泥里这一最简单的方式来为自己的作品提供支持。

（案例提供者：潘佳妮）

（三）镜像对话：建立积极的活动体验

镜像对话是一种互动式语言形式，通过教师模仿和拓展幼儿的表达方式来引导幼儿进行信息交换。在自然体验活动中，镜像对话是师幼互动的重要策略之一。镜像对话能帮助教师真正了解幼儿想什么、做什么，为没有把握的师幼互动提供缓冲平台。镜像对话创造友好型的互动氛围，为幼儿当下的行为表现提供具体、详细的描述和信息，帮助幼儿更深入地进行思考和学习，让幼儿乐于参与更多的尝试和挑战。

把握合适的时机开启镜像对话，能让教师与幼儿之间的对话产生更好的效果，并通过对话了解幼儿真正在想什么、想做什么；通过开启镜像对话，能够让幼儿知道教师很关注他们，并对他们当下的行为或正在进行中的事情很重视。

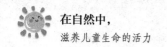
在自然中，
滋养儿童生命的活力

在种植园，当幼儿围绕班级承包的菜园进行小组活动时，每个幼儿所关心的事情都不一样：有的幼儿关注哪些是草、哪些是苗，哪些需要拔掉；有的幼儿关注为什么泥土里还有石子、像蜗牛壳一样的其他东西；有的幼儿关注怎么不是每一块土下都有蚯蚓……此时，教师选择开启镜像对话：

"中中，我看到你想拔草。可是你挑选了好几次，现在好像还没有决定到底拔哪一棵。"

"心愿，我看到你好像发现了一只虫子，你在想办法把它捉住。"

"慕辰，你在一个角落里发现一块碎片。"

……………

当教师点到幼儿的名字并描述他们的行为时，他们的脸上总能绽开笑容，接下来也会表现出更多的探索兴致，并不时在过程中对教师投以的关注做出眼神、语言或动作等反馈。在教师与幼儿的对话与互动中，他们也感受到了教师对他们的探究很感兴趣，从而产生更多的探究意愿和动力。

《幼儿园保育教育质量评估指标》在"师幼互动"这一关键指标中明确要求，教师应尊重并回应幼儿的想法与问题，通过开放性提问、推测、讨论等方式，支持和拓展每一个幼儿的学习。

案例：　　数杯子

在草坪上进行自主游戏时，为了给全班准备"饮料"，彦彦和中中用空纸杯在桌子上摆了满满的一桌子。当他们兴高采烈地带教师看准备好的饮料时，一阵风吹来，"饮料"——空杯子掉了一地。中中马上说："没事，我们捡起来就好了！"还没等他俩把掉落的杯子全部捡起来，又一阵风吹来，刚摆在桌面上的杯子又掉了下去。彦彦说："这样不行呀！如果总是有风吹得杯子掉下去，我们就永远捡不完啦！"说完，两个人面对面叹了口气，并看向教师，一脸"我想放弃"的表情。

察觉到幼儿的沮丧，教师说："你们刚才发现，风吹来，我们没有被吹走，而杯子被吹走了。"

彦彦："因为我们重呀，杯子很轻！"

教师："那有办法把杯子变重吗？"

彦彦："肯定有的！"

中中环顾周围环境，大声说："我有办法了，可以在杯子里放石头！"

彦彦表示同意。

于是两人马上鼓捣起来，不一会儿就让杯子都站稳了。

为了清点杯子的数量是否足够，彦彦和中中又开始数起了杯子，结果连数三遍，数字都是不一样的。

教师："你们数了三遍，数字都是不一样的。好像挺难数的，遇到什么困难了吗？"

中中："有点数不清楚，不知道哪些数过了。"

教师："记不清哪些数过了，有没有办法记住从哪一个杯子开始数的？"

彦彦："有的，我这里分开点，这个杯子里放朵花，从有花朵的杯子这里开始数。"

这一次，两个人都没有数错，得出结果："饮料"的数量足够全班的同学和老师一起喝了。

（案例提供者：李婷）

通过镜像对话，教师追随幼儿的思维路线，启发幼儿直面当前遇到的问题，紧紧抓住幼儿在对话中所呈现的教育价值及学习机会，利用共情、提问或讨论等方式为幼儿搭建"鹰架"，引导幼儿进行更深入的思考与探究，从而使幼儿获得更多的经验与成就体验。

（四）甄别问题：支持有价值的探索

提问是一种积极的学习品质，是幼儿好奇心与主动性等积极学习品质的重要体现，反映了幼儿的思维水平、兴趣倾向、言语水平、生活经验以及最近发展区。基于此，教师应该认真对待幼儿提出的每一个问题，积极地回应并给予关注，让幼儿感受到教师对他们的尊重。但是认真对待幼儿的每一个问题，并

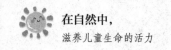

不代表每一个问题都适合作为自然体验活动的内容，教师要做的是甄别问题，从中筛选出合适的问题作为自然体验的内容。

在案例"落叶下面有什么？"中，幼儿对落叶下面的内容产生了浓厚的好奇心，并提出了许多不同的问题。教师通过将这些问题进行分类，为幼儿的学习提供了有效的支持。基于幼儿的提问，教师进行了甄别，并根据问题的"是什么""为什么"和"怎么样"三个维度，将问题分为了知识型问题、理解型问题和探索型问题，具体见表3-10。这种分类方法有助于系统化地指导幼儿的学习过程，促进他们更深入地理解和探索自然现象。

表3-10 幼儿在自然体验活动中的提问分类

问题类型	客观事实知识型问题	推理缘由理解型问题	思维行动探索型问题
维度	是什么	为什么	怎么样
内涵	询问事物的概念、用途、属性、类别等基本问题	询问推理事件的真假、事物的原由	探究事件之间的关系、工作原理以及问题解决策略
幼儿的具体问题	1. 落叶下面的小洞洞是什么 2. 落叶下面白色的小虫子是什么 3. 落叶下面棕色的小虫子是什么？是不是蚂蚱	1. 为什么落叶下面会有青苔 2. 蜗牛为什么喜欢躲在落叶下面 3. 鼻涕虫为什么要躲在落叶下面 4. 落叶下面为什么会有这么多的小洞洞	1. 叶子腐烂了会变成什么 2. 落叶是怎么腐烂的 3. 落叶是怎么变成大树妈妈的肥料的

这么多种类型的问题，哪些才是适合幼儿去深度学习，适合开展自然体验活动呢？可以依据以下两方面进行取舍：

1. 依据幼儿现有的认知水平

维果斯基的"最近发展区"理论，认为学生的发展有两种水平：一种是学生的现有水平，指独立活动时所能达到的解决问题的水平；另一种是学生可能的发展水平，也就是通过教学所获得的潜力，两者之间的差异就是"最近发展区"。因此，我们先通过调查的方式了解幼儿对这些问题的现有认知水平，然后再在此基础上提供支持。

比如，通过谈话与调查我们发现，幼儿对于落叶如何腐烂、落叶下面的小洞洞、落叶下面的小虫子这三个问题普遍感兴趣却又缺乏经验，于是我们初步选择了这样三个问题，以探索落叶腐烂的秘密、落叶下面的小洞洞以及小虫子的生活习性为主题。

2. 依据主题核心经验的需求

我们根据主题核心经验的要求，选择了"动物大世界"这个主题下的子主题"不同的家园"，该主题的核心经验是，了解常见动物不同的特点及其与周围环境的关系，有进一步探索动物生活习性的愿望。根据《上海市幼儿园办园质量评价指南（试行稿）》，初步了解人类生活和自然环境之间的关系，懂得尊重和珍惜生命，知道保护环境的重要性。基于以上两个核心经验的需求，我们再次将问题进行筛选，最后从落叶腐烂的秘密以及小虫子的生活习性两个方面开展自然体验活动。

（五）有效提问：高质量师幼互动

提问是师幼进行的双边互动活动。有效的提问策略，不仅能调动幼儿参与自然体验活动的积极性，而且可以促进幼儿的深度学习。

1. 追随式提问：紧跟思路，帮助幼儿整理经验

追随式提问即追问，在活动中教师提出问题，幼儿会出现一些其他的问题，这时候教师需要根据幼儿的回应进行追问，继而帮助幼儿再次整理思路。在自然体验活动中，教师的提问应该保持一种逻辑关系，提问的顺序和步骤都是保证逻辑性的关键。教师应当依照一定的逻辑设计环环相扣、层层递进的问题，引导幼儿根据活动中的完整经验进行思考。接下来将用案例"夏日'遮'阳"来说明追随式提问的重要性。

表 3-11　"夏日'遮'阳"对话实录

教师	今天我发现了一个特别的地方，这个地方的老板非常有爱心，他让辛苦的员工们去他搭建的场所休息一下，不知道你们发现了没有？你们是怎么发现的呢
申申	我自己发现的

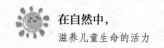
续表

多多	是熠熠邀请我去休息的	
教师	哦，看来有好多员工都没有发现这个休息场所，大家帮熠熠一起来想想办法，怎么让大家都知道有这样一个可以休息的地方呀，有什么好办法吗——➡️追随式提问	发现遮阳场所 ⇓ 如何让大家知道遮阳场所 ⇓ 如何让遮阳场所容纳更多人 ⇓ 如何让遮阳场所更大更高 ⇓ 还可以使用哪些材料 ⇓ 如何搭建
阳阳	他可以做个标签啊，告诉大家这是什么地方，不然大家都不知道这里可以休息	
一一	他可以做一些传单，去发传单让更多的人来休息	
可可	他可以造一条小路通往他的休息厅	
教师	原来有这么多的办法可以让大家都知道这个休息厅，但是，知道休息厅的人多了，那要来休息厅休息的人也会变多，可是休息厅能容纳多少人，谁来去试一试——➡️提问	
申申	最多就容纳两个人	
教师	该怎么办呢——➡️追随式提问	
汐汐	我们可以把休息厅造得更大一点	
申申	我觉得还要再高一点，现在进去有点困难	
教师	哦——汐汐和申申想到了好办法，那怎么把休息厅造得更大更大——➡️追随式提问	
熠熠	我可以把这个围栏围得更大一些，上面的屋顶也还要改造一下	
教师	可以用更多的围栏，其他朋友有想法吗？	
多多	我觉得可以多造几个休息厅，然后并列排在一起，这样就可以让更多人休息了	
教师	变大的方法都想到了，那怎么让它更高呢——➡️追随式提问	
申申	拿梯子，梯子很高	
教师	申申找到了高高的梯子，大家再看看我们的操场，还有哪些高的器材——➡️追随式提问	
熠熠	单杠，单杠比梯子还要高	
教师	哇！熠熠找到了更高的，这么高的单杠，我们要怎么在上面搭遮阳棚呢——➡️追随式提问	
峻嘉	可以用梯子爬上去呀，我之前的小舞台也用了这个办法	
教师	看来峻嘉尝试过，那我们还能用垫子当遮阳顶吗	
可可	可以的，用很多块垫子拼起来	
教师	好办法，还有其他材料可以用吗	
汐汐	还可以用野餐垫遮在上面	
洋洋	用布	

（案例提供者：郑佳青）

在上述案例中，教师从发现问题——鼓励幼儿共同讨论——启发幼儿解决问题来进行提问，帮助幼儿从一开始发现夏日遮阳场所的存在——如何让人家知道这个地方是用来遮阳的——如何让遮阳地方更大更高——如何搭建，一步一步地追问，帮助幼儿理清了思路，同时也很好地调动了幼儿共同参与的兴趣。逻辑性的提问能够避免教师提问的随意性，通过环环相扣、层层递进的问题，帮助幼儿梳理自然体验活动中的问题，共同解决难题，提升幼儿的逻辑思维、解决问题、合作等多方面能力。

2. 层次性提问：理清思路，助推深度学习

自然体验活动是幼儿在探索自然的过程中，通过亲身体验发现自身的意义，并与身边的生活相联系的多种活动方式。在这个亲身体验的过程中，幼儿的认知也是由低到高、由浅入深地发展。布鲁姆教育目标分类法将问题分为记忆、理解、应用、分析、评价、创造六个层级，它们分别指向幼儿不同的发展价值，问题从初级阶段的认知到高层次的运用、创造，与户外自然体验活动不谋而合，有助于教师在幼儿"最近发展区"的基础上向幼儿提出不同层次的问题。

接下来将以案例"我要摘高高在上的柿子"来说明，自然体验活动中可以怎么进行层次性提问。

案例： **我要摘高高在上的柿子**

秋天到了，幼儿园里的树叶纷纷落下。一次户外活动的时候，幼儿发现香樟树上长的果子，非常想把果子摘下来玩，他们在树下跳、从斜坡上面冲刺跳下去、拿小树枝企图打下来，可是都没有摘到，于是悻悻地离开了。又一次户外活动时，幼儿发现了一些非常大又很多彩的树叶，他们开始讨论这是哪棵树上落下来的叶子，好漂亮。他们抬头的时候发现一棵树上不仅有树叶，还长了几个圆圆的果子。于是他们开始你一言我一语地讨论开来：这是什么果子？它能吃吗？好想摘下来看看，可是这么高怎么摘呀？……他们一边讨论，一边在树下跳着，想要跳上去摘果子，有的幼儿摇动着树，试图把果子摇下来，可是落下的是几片树叶。这一次他们没有放弃，而是来找老师帮忙，于是我们的故

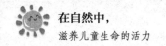

在自然中，
滋养儿童生命的活力

事就开始了。

表3-12　第一次摘柿子案例中运用布鲁姆教育目标分类法提问的梳理

记忆 （识别、命名、点数、重复、回忆）	● 你刚刚用了哪几种方法摘柿子
理解 （描述、讨论、解释、总结）	● 你为什么要用这种方法摘柿子呢
应用 （解释原因、表演、建立联系）	● 你在哪里见过别人这样摘果子呢
分析 （识别不同点、尝试、推测、比较、对比）	● 用这些工具摘果子的方法一样吗？有什么不一样 ● 你打算用什么工具摘柿子呢
评价 （表达观点、做出判断、争辩/评论）	● 摘柿子的时候，你觉得哪一种工具最好用呢？为什么 ● 如果这样摘柿子，柿子落下了以后会变成什么样呢
创造 （制作、建构、设计、创作）	● 你还能做出更好的工具，让我们摘到完整的柿子吗

表3-13　第二次摘柿子案例中运用布鲁姆教育目标分类法提问的梳理

记忆 （识别、命名、点数、重复、回忆）	● 你的工具是什么做的 ● 你和谁一起制作的这个工具
理解 （描述、讨论、解释、总结）	● 你为什么要用这个工具呢 ● 你们是怎么制作这个工具的
应用 （解释原因、表演、建立联系）	● 你在哪里见过这个工具呢 ● 在哪里可以找到我们想要的材料呢
分析 （识别不同点、尝试、推测、比较、对比）	● 这个工具和其他工具有什么区别呢
评价 （表达观点、做出判断、争辩/评论）	● 使用这个工具摘柿子的时候要注意些什么呢？为什么

　　通过第一次的尝试，幼儿一致决定改造他们摘柿子的工具。在改造工具的过程中，幼儿开始搜寻身边的各种材料，发挥自己的各种才能。在这个过程中，幼儿协商合作，相互学习，同时在探索的时候不断地改造自己的工具。而教师

也在观察幼儿探索的过程中，不断地根据幼儿当下已知的问题和遇到的困难进行不同层次的提问，一步一步地引导幼儿再次进行思考。最终在大家的不懈努力之下，改造出一个最适宜的工具，成功地摘到了柿子。

（案例提供者：陈小芳）

在自然体验活动中应用布鲁姆教育目标分类法进行分层提问，使每个幼儿都能逐步到达"最近发展区"。此外，层层深入地提问，也有助于幼儿培养逻辑思维，掌握和习得思考问题的一些方式，逐步帮助幼儿培养自主思考、自主学习的能力。

3. 开放式提问：拓展思路，助推幼儿创造力

在开展自然体验活动的过程中，教师应该避免封闭式提问，可以更多地采用开放式提问，从而启发幼儿的发散性思维，充分调动幼儿的积极性、主动性、创造性。比如在"趣事—'萝'筐"案例里面，教师利用了开放式提问，拓展了幼儿的思维，进一步促进幼儿的创造力和想象力（见表3-14）。

表3-14 "趣事—'萝'筐"对话实录

小艾	我从叶子的大小看出萝卜长大了
元宝	我从萝卜的高度看到萝卜长大了
教师	元宝，你怎么发现萝卜长高了呀——→开放式提问
元宝	我用眼睛一眼就看出来了呀
教师	除了用眼睛，还有什么办法发现萝卜长高了呢——→开放式提问
元宝	用尺子量啊！还有我们教室里的小剪刀上也有几厘米几厘米的，也可以量呀
教师	你真厉害！那你们知道生活中还可以用什么来测量呢——→开放式提问
元宝	其实，我还可以用手来量，放在这里，再放到那里 （元宝一边用手比划，一边移动手的位置）
元宝	萝卜再长高的话，我还可以用我自己来量呢
教师	元宝真厉害！会用我们的身体来进行测量，还会根据物体的长短选择合适的材料进行测量。那我们一起去找找教室里有没有合适的材料进行测量吧

（案例提供者：郑佳青）

在案例中我们可以发现，教师通过一个一个地提问，帮助幼儿慢慢地了解测量的方法、测量的工具等。在教师开放式提问的启发下，幼儿有了很多创意的解决方式。这个过程中，不仅推动了自然体验活动的开展，也让幼儿主动参与了问题的讨论，把问题抛给幼儿，不仅可以调动幼儿的积极主动性，而且还能提升幼儿的发散性思维。

（六）观察评估：锚定幼儿发展

户外自然体验活动中要观察和评估幼儿发展或活动情况，教师势必要考虑具体的情境，如活动中的材料、活动中的互动、活动当下的天气或者气温等因素。在多年的自然体验实践中，我们梳理了自然体验活动中教师观察与评估的一些策略。

1. 观察前的准备：胸中有规划

观察前的准备策略是指在进行观察活动之前，教师需要做的一系列准备工作和计划安排。这些准备策略旨在确保观察活动的顺利进行，提高观察效果，促进对被观察对象的深入了解。我们可以从以下几方面来进行准备：

（1）了解自然情境的属性

教师在组织自然体验活动前，要先对活动地点的自然情境属性进行考察，如要了解场景中包含的自然物、自然现象等相关的材料，同时了解场地的具体情况，场地上是否有不安全因素，并提前做好思考和预判，可以帮助观察者了解周围环境和条件，为活动做好充分的准备。

以下是观察前需要了解的自然情境的属性：

➤ 天气情况：观察当天和未来几天的天气预报，了解天气变化情况，以便选择合适的装备和衣物。

➤ 地形地貌：观察目的地的地形地貌，包括山脉、河流、湖泊等自然地理特征，以便规划路线和活动。

➤ 植被和动物：观察目的地的植被种类和动植物生态情况，了解植物特点和动物种类，注意可能遇到的野生动物。

➤ 紧急情况：观察周围的紧急设施和救援通道，了解急救知识和方法，做好应对突发情况的准备。

➤ 装备检查：观察检查个人装备和器具是否完整和运行正常，确保携带必备的物品和工具。

通过认真观察和准备，教师可以更好地了解活动环境和条件，确保活动安全顺利进行，并提升户外自然体验活动的质量和乐趣。

（2）选择适宜的观察工具

观察要做到有目的，最好的方法是需要教师借助一些观察的工具，如一些观察量表，又如借助一些辅助的拍摄或记录工具。这样才能方便教师观察后反复地观看斟酌，从而做出客观科学的判断。结合观察量表的观察也要做好观察前的前测，观察后也要做好后测。

那么如何借助观察工具进行观察呢？接下来将以"奇妙的气味"这个活动为例来阐述观察中观察工具的具体使用（见表3-15，表3-16）：

表 3-15　"奇妙的气味"前后测问题及情况

活动名称	奇妙的气味（大班／科学）
活动目标	1. 发现身边各种植物是有气味的，能用不同的方式探索植物的气味 2. 对进一步用嗅觉探索植物的气味产生持续的兴趣
前测问题	1. 参与／主动学习 问题1：你今天开心吗？身体怎么样（了解幼儿情绪及身体状况，是否能闻出气味） 问题2：你来过这里吗？你喜欢这里吗？为什么（了解幼儿对场地植物的熟悉情况） 问题3：你喜欢什么样的味道？不喜欢什么样的味道（了解幼儿对各种味道的已有经验） 问题4：你知道哪些植物是有味道的吗（了解幼儿对植物味道的已有经验） 2. 动机／积极学习 问题1：你在游戏中有遇到过困难吗？你是怎么解决的（了解幼儿解决问题的能力） 问题2：你觉得所有的植物都有气味吗 问题3：这个植物的气味给你什么感觉（带幼儿闻一闻周围植物的气味） 3. 创造性与批判性思考 问题1：你觉得这两种植物的气味有区别吗（让幼儿闻两种植物） 问题2：平时搭积木你是想好搭什么才去搭，还是一边搭一边想 问题3：你觉得这些小朋友在做什么？（给幼儿看图片）如果是你，你会用叶子来做什么

续表

活动名称	奇妙的气味（大班 / 科学）
后测问题	1. 参与 / 主动学习 问题 1：你喜欢这里吗？为什么 问题 2：你喜欢什么样的气味？不喜欢什么样的气味（了解幼儿对各种味道的已有经验） 问题 3：你知道哪些植物是有气味的吗（了解幼儿对植物味道的已有经验） 2. 动机 / 积极学习 问题 1：你觉得所有的植物都有气味吗 问题 2：这个植物的气味给你什么感觉（带幼儿闻一闻周围植物的气味） 3. 创造性与批判性思考 问题 1：你觉得这两种植物的气味有区别吗（让幼儿闻两种植物） 问题 2：你觉得这些小朋友在做什么？（给幼儿看图片）如果是你，你会用叶子来做什么

表 3-15 呈现的是在前测以及后测，教师根据幼儿有效学习的表现指标，同时结合这个活动具体的内容，活动前对幼儿进行提问，了解幼儿在活动前有关于气味的经验积累情况；活动后再对幼儿进行提问，了解通过这个活动，幼儿的气味的经验积累情况是否有变化。

表 3-16 "奇妙的气味"观察量表

活动环节	主要流程	观察点					记录		主要描述
		一级指标	二级指标						
一、闻气味找朋友，激发兴趣	闻气味找朋友	参与 / 主动学习	探索方法	闻	交换闻		听声音		
			与同伴交流猜测的结果						
			联系生活经验猜测						
			兴趣	倾听	举手次数		应答次数		
		动机 / 积极学习	反复闻（次数）	1	2	3	4	5	
			没猜出来，寻找同伴帮忙						
	交流验证		找到同伴高兴	笑	脸红	叫	跳	抱一抱	

续表

活动环节	主要流程	一级指标	二级指标			记录	主要描述
二、自然体验、探索植物气味	幼儿闻味，寻找植物	参与/主动学习	兴趣	主动	持续	合作	
			尝试次数	1　2　3	4　5		
		创造性与批判性思考	探索的方法	摘　揉　搓	使用工具		
	交流验证 你找到这个气味的植物了吗	参与/主动学习	兴趣	倾听　举手次数	应答次数		
		动机/积极学习	实现目标高兴	笑　脸红　叫	跳起来		
			根据自己的探索说出哪种方法更好				
			能结合自己的探索判断几种方法的不同之处				
	第二次探索	参与/主动学习	兴趣	主动	持续	合作	
			尝试次数	1　2　3	4　5		
		创造性与批判性思考	探索的方法	摘　揉　搓	闻手		
			使用工具	石头　捣白　药碾子	剪刀		
	交流分享 刚刚你用了哪些方法？	参与/主动学习	兴趣	倾听　举手次数	应答次数		

续表

活动环节	主要流程	观察点				记录	主要描述
		一级指标	二级指标				
三、快乐探索，分享喜欢的气味	老师手上拿了一个什么新工具？	参与/主动学习	兴趣	倾听	举手次数	应答次数	
			与同伴交流				
	自由探索，尝试留香	创造性与批判性思考	使用的方法	揉 擦	挤	捏	
			使用工具	石头 捣白	药碾子	剪刀	
			留几种植物	1 2	3	4 5	
		参与/主动学习	实现目标高兴	笑 脸红	叫	跳起来	
			和同伴分享自己喜欢的香味				
			和老师分享自己喜欢的气味				

表 3-16 展示了教师在自然体验活动中如何观察和记录幼儿的活动情况。从表中可以看出，教师能够细致地关注到幼儿的某些具体行为，如通过观察幼儿的表情来了解他们的情绪状态，通过观察幼儿的动手操作来判断他们的探究能力。这表明，在填写观察量表时，不仅需要以目标为导向，还应注重通过观察幼儿的具体表情、动作等细节来进行准确、全面的记录。

（3）确定观察时长

确定观察时长是指在进行观察活动时，规划和设定观察持续的时间段。由于自然体验活动体验期限的原因，有些活动的观察时长会比较长，因此教师要做好长期观察或追踪式观察的规划。观察时长的设定可以根据观察对象的特点、活动的目的和参与者的需求来确定，旨在确保参与者有足够的时间深入观察和体验所选择的自然元素，从而获得更丰富的观察体验和学习收获。我们在确定观察时长时需要考虑以下几个因素：

➤ 活动的目的和内容：首先要考虑观察的具体目的是什么，以及活动中的内容和重点是什么。不同的活动可能需要不同长度的观察时长，比如有关于四季的观察，或者是一些植物的生长情况，这些都是需要长时间观察的。因此，我们在观察的时候需要根据具体的内容进行时长的拆分。

➤ 幼儿的年龄和注意力：幼儿的年龄会影响他们的注意力持久时间，年龄较小的幼儿可能需要更短的观察时长。此外，也要考虑幼儿的兴趣和参与度，以确定观察时长。

➤ 观察者的能力和经验：观察者的专业知识、经验和观察技巧也会影响观察时长的确定。经验丰富的观察者可能会更快地获取有用信息，从而缩短观察时长。

➤ 环境和条件：户外自然环境可能会受天气、季节、时间等因素的影响，需要考虑环境条件对观察时长的影响。

➤ 实际情况和需要：最终确定观察时长时，还要结合实际情况和需要进行综合考量，确保能够达到预期的观察效果。

通过确定观察时长，可以确保观察者有足够的时间观察幼儿在自然环境中的各种活动和互动，从而获得更全面的观察数据；观察者可以更好地把握幼儿在户外自然体验活动中的变化和发展过程，更好地了解他们的需求和成长；观察者也可以更深入地理解幼儿在自然环境中的行为和表现，为提供更有效的反馈和支持提供依据。

2. 观察后的运用：科学评估促成长

观察评估是支持下一步的依据，那么如何运用观察后的结果进一步支持幼儿的自然体验活动，我们通过多年的实践也积累了部分经验，具体如下：

（1）可以用作环境材料优化的依据

通过观察幼儿在活动中的材料使用情况以及与环境的互动情况，判断、反思游戏材料的投放以及环境的创设是否合理，继而为后续材料投放以及环境创设的调整提供依据。

比如一个班级的幼儿在草地上玩时，教师发现经常会有幼儿争吵。教师通过观察发现，这段时间幼儿非常喜欢挖土，但是由于挖土工具太少而且种类不多，因此幼儿会因为某种偏好争抢。于是教师发动幼儿从家里带一些勺子过来，班级一下子有很多的勺子，而且材质各异，有塑料的、有铁质的、有纸质的。勺子形状也各异，有的前面是平的、有的前面是尖一些的，还有的前面是圆弧状的。在用各种勺子挖土的时候，幼儿有说有聊，比一比谁带来的勺子挖的土多，每个人都分享着自己不一样的发现。正是这些不同种类的勺子，让幼儿能更专注于自己的活动，对活动也更加有兴趣了。

（2）可以用作下一步支持的依据

教师通过观察也可以判断，幼儿在活动中出现的一些问题是个性化的还是集体性的，通过观察的情况，判断后续的支持是需要开展小组式的探究活动还是集体性的活动，或者是通过个别化操作的形式就可以。

比如，在种植园挖土的时候，教师给每个幼儿一把小铲子挖土，一开始幼儿都还饶有兴致，但是大概5分钟后，很多幼儿就玩起来了，还有的幼儿本想要坚持，但是看到同伴的行为也跟着玩起来了。看到幼儿都已经没有兴趣了，教师只好终止这一次的挖土活动。通过第一次的挖土活动教师发现，幼儿觉得单纯地挖土太枯燥，因此很快失去了兴趣。因此教师和幼儿一起讨论了泥土下面的秘密，一起看了《地底下的秘密》这本绘本。然后教师再向幼儿提问："我们幼儿园的种植园泥土下面究竟会有些什么，我们一起去探个究竟吧。带着问题与经验的幼儿，这一次挖土较上一次明显认真多了，他们一边挖一边相互比较、讨论。

（3）确定下一次观察重点的依据

自然体验活动因为需要进行长期的追踪式观察，因此我们的观察重点不是一成不变的，而是呈现动态调整的。上一次观察的结果是下一次观察重点的依据，下一次观察重点需要在上一次观察结果的基础上进行调整。

以幼儿在雨天收集雨水的活动为例，在初次观察阶段，教师重点观察幼儿寻找雨水的过程，但在搜集时，教师听到幼儿专注讨论雨水的用途，于是，观察重点就即时性动态调整，进入活动的下一个阶段。动态调整观察重点有利于教师倾听并支持幼儿的探究兴趣，促进幼儿持续深入地开展自然探究活动。

（4）确定是否需要家园协作的依据

观察结果同时也是确定家园协作的依据，教师可以将观察的内容、结果与家长进行沟通，帮助家长了解幼儿的兴趣以及发展情况，同时也能更好地取得家长的支持和帮助。例如，中班幼儿在户外游戏中发现了蝴蝶，于是对蝴蝶产生了浓浓的探索兴趣，蝴蝶是怎么长大的？蝴蝶喜欢吃什么？蝴蝶是如何觅食的？等等。于是根据幼儿的兴趣，班级开展有关蝴蝶的项目化活动。为了更好地进行这个项目化活动，教师及时与家长沟通，并在家长的支持下收集了蝴蝶标本，购买了蝶蛹。有了相关材料的支持，教师可以组织幼儿持续观察探究蝴蝶的生长过程。

（5）确定如何支持个性化发展的依据

教师在活动中对个别幼儿观察后，根据幼儿的个性情况以及兴趣等提供相应的支持。接下来将以幼儿舟舟的例子来说明教师通过观察与不断引导，让幼儿从放不开手游戏到大胆沉浸式游戏的变化。

舟舟是小班的一名幼儿，由于入园焦虑，舟舟以往在建构和沙池区的游戏中总是抱着玩具小兔，安静地站在一旁，不愿意尝试，让人感觉她仿佛与这个欢乐的世界隔绝。教师通过平时的观察发现，舟舟非常喜欢小动物，特别是手中的小兔子。于是这一次活动中，教师在活动前和幼儿一起讨论怎么给小动物建造一个家，幼儿叽叽喳喳地讨论起来，平时不太发言的舟舟也跃跃欲试。在接下来的沙水游戏中，舟舟小朋友变得活跃而积极，一次又一次地放下手中的小兔，拿起水桶，尝试将水倒入水盆，然后又拿起水枪，尝试着喷射水柱。她的脸上露出了开心的笑容，这种笑容以前是很少看到的。

教师在活动中通过观察发现幼儿对小动物非常感兴趣，特别是手中的小兔子。幼儿的兴趣为教师后续的支持提供了依据，让支持更有效。

第四章

生态重构：
自然体验活动的"关系升华"

当自然体验活动不再是成人预设的剧本，而是儿童与自然合写的诗篇，新的困惑随之而来："儿童的主体性"是真实存在的，还是教师一厢情愿的假想？儿童在哪里？教师的一百种智慧又在哪里？——这声叩问将我们推向第三阶段。

自然体验的本质，不是人与物的互动，而是生命与生命的联结。在这个阶段，我们尝试将课程的决策权交还幼儿：通过"儿童议事会"，幼儿投票决定种植向日葵还是番茄，设计"昆虫旅馆"；通过"我的自然计划"，5 岁的幼儿可以持续一个月观察蚂蚁搬家，并用图画日记记录发现。教师则从"课程设计师"转变为"儿童研究的协作者"。

这一阶段，自然体验活动超越了"园所课程"的范畴，成为重构教育关系的纽带。家园社区形成了一个以儿童为中心的"生态教育共同体"：在这里，幼儿的提问被珍视，教师的智慧被激活，社区的环境被重新赋予教育生命。

一、以幼儿为主体的学习变革

当教育从"成人预设"走向"儿童本位"，一场以幼儿为主体的学习革命正在悄然重塑教育的边界。在这场变革中，幼儿不再是被动接受知识的"容器"，而是成为学习历程的建构者、课程决策的参与者以及自我成长的反思者。基于幼儿视角的深度学习，强调从幼儿的疑问与兴趣出发，在真实问题的探究中发展批判性思维与创造性解决能力；儿童议事机制则通过赋权与对话，让幼儿在班级规则、活动设计等事务中发声，以平等的身份参与共建"属于他们的世界"；而幼儿参与课程评价，更打破了传统评价的单向权威，通过绘画、讨论、投票等多元方式，让幼儿的学习体验与感受成为优化教育实践的重要依据。这

三者的交织，不仅是对幼儿能力与权利的深度尊重，更是重构教育生态、迈向"真学习"的关键一步——让教育真正回归幼儿，让成长自然生发于幼儿的力量之中。

（一）基于幼儿视角的深度学习

在这一阶段的自然体验活动中，幼儿的深度学习逐渐成为可能。深度学习鼓励幼儿成为自己学习过程的主人，通过探索、实验和发现来构建知识。深度学习，符合具身认知理论，让每一个幼儿通过亲身参与和自主学习不断推动学习的深入性和持续性，同时也是践行"儿童友好"理念的有效路径，真正让每一个幼儿成为学习的主人，支持幼儿主动建构知识而不是被动接收信息。

案例 1： **种植园里的昆虫探秘**

过了一个寒假，幼儿发现种植园里的蚕豆不仅没有死，而且还开出了美丽的花朵，白白的、紫紫的，幼儿异常兴奋，开始仔细地观察和探究起来。"到底长多高？""开了多少花？""有没有结果？"……而教师也做出了一个决定：不拔掉蚕豆，开展跨学期的种植活动。

❖ 发现蚜虫

妍妍："啊，这里的叶子上有小虫子，这是什么虫啊？"

汐汐："这个虫子好像是绿色的。"

浩浩："那它们是不是会把蚕豆的叶子吃掉？"

图 4-1　幼儿在蚕豆上发现蚜虫

毛毛:"这里的叶子上有洞洞,肯定是被这个虫子吃掉了。"

晓晓:"老师,那我们快想想办法吧。"

幼儿焦急地讨论着……

❖ 护豆大行动

① 小绿虫的真实身份

幼儿第一次注意到蚜虫,他们会有很多猜测和疑问,如密密麻麻的是什么。

表4-1 幼儿的疑问与观察

幼儿的疑问	幼儿的观察
这些虫子对蚕豆宝宝到底有没有害处呢	
它们是害虫吗	有的绿,有的黑, 小小的,有好多脚
为什么会有这些虫子呢	
小绿虫到底是什么虫子呢	

小绿虫到底是什么虫子?通过和家长一起调查,幼儿发现这个小绿虫的名字叫"蚜虫",是植食性的昆虫,会侵害蚕豆的生长。

幼儿带着自己寻找到的工具一起出发捉蚜虫,可惜蚜虫太多,捉也捉不完。

"我家里有消毒水。"

"我家里有花露水,可以试试吗?"

幼儿与爸爸妈妈一起制作灭虫的药水,于是一场灭虫行动即将拉开序幕。他们认真细致地用自制的药水对着蚜虫进行喷洒,一遍又一遍,希望把蚜虫全部消灭。

第二天,幼儿发现地上掉落了很多蚜虫,蚕豆上的蚜虫也不再动了,他们终于成功消灭了蚜虫。可是幼儿又发现蚕豆的茎、叶变黑了,带着问题我们一起寻找答案。通过调查,幼儿了解到:原来药水打得太多也会让叶子变黑。

经过了一系列的调查,幼儿的知识和实践经验也越来越丰富。在后续调查中,幼儿说虫子很喜欢黄色,可以制作一个色诱板陷阱,于是大家就讨论起来,在教室里寻找制作的材料,毛毛找到了黄色的卡纸,兴奋地和大家分享,可是

图 4-2　自制色诱板陷阱

图 4-3　幼儿利用瓢虫对抗蚜虫

浩浩说："这个不黏啊。""那我们贴一点双面胶不就好了吗？"菲菲站出来说。于是他们就制作起来了，做完以后摸了摸，觉得非常黏，肯定能成功了。幼儿带着色诱板就去菜园了，过了一天，幼儿发现色诱板上果然粘上了一些蚜虫，他们兴奋极了，陷阱制作成功！虽然，最终幼儿的色诱板没有完全消灭蚜虫，但这一过程却让他们有期盼、有担忧、有惊喜，更有收获。

小朋友对这个话题越发感兴趣，通过科普书籍，了解到可以利用天敌来打败蚜虫。

阳阳："老师，我看到书上说可以用瓢虫来打败蚜虫。"

菲菲："啊？为什么呢？"

浩浩："瓢虫可以吃掉它吗？"

阳阳："因为蚜虫的天敌就是瓢虫呀。"

菲菲："原来是这样，那我们可以去试试吗？"

小顾："那让我们'科学家'在菜地里帮你们找找有没有小瓢虫吧。"

阳阳："找到的瓢虫我们可以把它带到蚜虫附近。"

在游戏时，幼儿一起用放大镜寻找菜地里的瓢虫，通过大家的大搜索，找到了好几只小瓢虫，大家把小瓢虫放在了蚕豆叶子上，观察着变化。我对幼儿说不能太着急，得给瓢虫一点时间。过了一天幼儿再去的时候，惊喜地发现蚜虫已经比之前少了一点。幼儿欢呼着夸赞：瓢虫真厉害啊！

表4-2 消灭蚜虫的方法与实践

调查：怎么消灭蚜虫呢？		实践方法
方法一	消毒水	制作灭虫剂喷洒有蚜虫的蚕豆茎、叶
方法二	花露水	
方法三	色诱板	用黄色彩纸和双面胶制作色诱板， 并挂在有蚜虫的蚕豆茎、叶上
方法四	天敌（瓢虫）	在种植园里寻找瓢虫，放在蚜虫附近

（案例提供者：庄秋红）

当教师能够在课程中追随幼儿的脚步，种植活动不再是千篇一律的浇水、拔草、记录，而是焕发了新的生机。幼儿浸润其中，也表现出敏锐的观察和探究的热情。

案例2： 携一席梦，飞向蓝天

连续好几天，宋彦宏在自由活动时间用彩纸折纸飞机，小石头、蓝莓、芒果看到后都加入了他的队伍，于是宋彦宏变成了几个男孩的"小老师"，教他们折纸飞机，小石头拿着折好的纸飞机在教室试飞了一下，安全委员蓝莓见状立马制止："教室里面不可以飞！会砸到小朋友的！"小石头灰溜溜地把自己做好的纸飞机放进了作品框中。

我问："你们想要试飞一下自己的飞机吗？"

幼儿叫起来："当然想啦！老师，我们可以在教室里飞吗？"

我回答道："教室里确实有安全隐患，或许我们有更好的选择哦！"

幼儿："那我们到户外去吧！"

但是户外哪里适合飞纸飞机呢？

宋彦宏说："需要一个高的地方，那样一定飞得远！"

我继续问："幼儿园哪个地方符合你的要求呢？"

宋彦宏一直没回答，我提议去幼儿园里实地考察一番，他点了点头，于是我陪着他在幼儿园里逛了一圈，当看到滑滑梯时，我想这应该是一个不错的试飞场

图 4-4　幼儿寻找试飞场地　　　　图 4-5　儿童摄影——宋彦宏拍摄的
　　　　　　　　　　　　　　　　　　　　　　最后选定的场地

地，幼儿也都很喜欢玩滑滑梯，宋彦宏肯定会把这里列入自己的选择清单。可是
令我没想到的是他直接略过了滑滑梯，连四号场地的小木屋也没有入他的眼。

我忍不住问："滑滑梯和池塘旁边的小木屋不能飞纸飞机吗?"

宋彦宏说："这两个地方的围栏都太高了，不适合。"

最后逛到了西沙水，宋彦宏拍下了他最后选择的场地。

我问："你为什么选择这里?"

宋彦宏说："这里很空旷，我感觉这里很合适。"

宋彦宏把选定的地址告诉了他的飞行队员们，获得了大家一致的认可。

选择好了试飞的地点，那么纸飞机试飞实验就开始了。在试飞中，幼儿发
现有的飞机飞得远，有的却飞不远，这是怎么回事呢?

于是我又组织了儿童会议与个别儿童访谈，通过两种形式的对话，幼儿了

图 4-6　飞行小队正在尝试首次试飞

图 4-7　幼儿的纸飞机作品

解到原来纸飞机的飞行距离会因飞机的折法以及飞行时的风向而不同。那么哪种折法好呢？如何测风向呢？于是，在当前所遇问题的驱动下，幼儿又开始探索各种纸飞机的折法，同时也开始学着用各种方法测风向。

选定试飞地点后，我们在试飞过程中遇到并解决了各种问题，运用了多种马赛克工具。这些工具极大地拓展了宋彦宏的认知领域，特别是他在幼儿园的探索

图4-8 幼儿用不同方法测风向

之旅中，借助具体的事物，他能够更流畅和清晰地表达自己的思考。儿童摄影也帮助他即时记录下发现，便于回溯与分享。通过反复的实地考察、试飞和实验，他不仅逐渐识别出自身遇到的问题，还在解决问题的过程中实现了深度学习。

（案例提供者：潘倩雯）

教师运用马赛克方法，不断倾听并走进儿童的内心世界，真正了解儿童的实际需求，让"支持每一个"成为可能。

案例3：　　　　　　　　　　　"呀！秋虫"

（1）背景调研与经验唤醒

幼儿对秋天的户外探索充满了热情，因为秋天可以捡拾落叶，可以在金黄色的林间小道上嬉戏。有幼儿在户外活动时有了新的发现，他们对那些在落叶

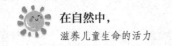

堆中偶尔跃动的小虫子产生了浓厚的兴趣。随着秋意渐浓，幼儿不时兴奋地跑来告诉教师："老师，快看！我发现了一只奇怪的虫子！""老师，这里有好多小虫子在爬！"……

有一天，铄铄在户外运动时，看到一只小虫。他小声地叫来同伴，大家纷纷围拢过来，七嘴八舌地讨论起来："这是蝴蝶吗？""它好像是飞蛾吧？""它在干什么？"幼儿的讨论声此起彼伏，对秋虫的兴趣油然而生。在之后几天，不少幼儿每次户外活动时，都会和同伴兴趣盎然地关注与秋虫相关的事宜。于是，在确认了幼儿的意愿后，与秋虫有关的课程就展开了。

在前期预热的过程中，我们的教师是怎么做的呢？

*引导表征

鼓励幼儿用画笔记录下自己在自然角、户外散步时发现的秋虫，以及他们心中的疑惑：这些小虫子叫什么名字？它们吃什么东西长大？为什么有的虫子会飞，有的却不会？这些小虫子晚上去哪里睡觉？为什么有些虫子会发出声音，比如蟋蟀？……

图4-9　幼儿关于秋虫的表征

*儿童会议

在幼儿积累足够的观察素材后，教师组织了一次"秋虫探秘大调查"的小组讨论会。幼儿围坐一圈，在教师的引导下分享自己的发现。

教师："大家近期通过各种方式，对秋虫有了更多的观察，谁来分享自己的发现？或者你可以成为小小解答家，帮助小伙伴解答问题。"

柚子："我在公园的草丛里发现了一只超级大的蚂蚱！它跳得好高，身上是绿色的，还有黑色的斑点，像穿着斑点衣服一样！"

铄铄："我在家里的后院找到了几只小蚂蚁，它们好小好小，但是排成一队走得特别快。我跟着它们，发现它们正在搬一块面包屑呢。"

悠悠："我在小区里，看到树上有只彩色的蝴蝶！它的翅膀上有好多漂亮的颜色，飞来飞去好像在跳舞。我追了好久都没追上。"

添添："我在花园的石头下面发现了

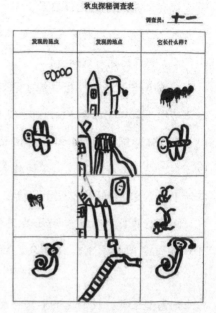

图4-10　幼儿的秋虫探秘调查表

一只瓢虫，它是红色的，背上有好多小黑点。我数了数，一共有七个点呢！它爬得可慢了，我就在旁边静静地看着它。"

教师认为幼儿提出的问题，不仅是对知识的渴求，更是他们开始构建自然界认知框架的起点。作为教师应当充分尊重幼儿的疑问，鼓励引导他们用多种方式将经验进行记录和验证。教师应鼓励幼儿亲近自然，观察身边的动植物，引导他们发现问题、提出问题，这是科学探索的第一步。通过儿童会议讨论，让幼儿在交流中碰撞思维、分享知识，不仅解决了部分疑问，还激发了更多的探索兴趣。将幼儿的点滴发现汇聚成一幅完整的探索画卷，有助于教师接下来根据幼儿的兴趣点来支持幼儿做有价值的探究内容。

然而课程开始了，教师却又犯难了，已经知道幼儿的经验点在哪里了，那教师该怎么支持幼儿的学习？支持一群幼儿的学习及支持每一个幼儿的学习，该采取怎样不同的策略？一个课程要做到什么样的程度，才算是有价值的？

于是我们又给了教师一些提示与建议，在开展过程中，教师寻找生成课程的点时需始终保持对幼儿世界的敏感与尊重，利用具身认知促进深度学习，确

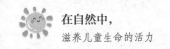

保活动对幼儿友好且充满自然体验。同时教师也要对课程内容进行慎重筛选,以求能帮助幼儿形成对探究内容的连续性经验,让学习价值最大化。

(2)积极探索与感知深化

① 创设与"秋虫"相关的主题环境:在创设"秋虫"主题环境时,设计一些让幼儿身体参与的活动,以促进他们的认知发展。

互动体验区:教师和幼儿共同收集各种秋虫的实物或模型,让幼儿可以亲手触摸、观察,甚至通过简单的饲养活动了解秋虫的生活习性。这种亲身体验有助于幼儿更直观地理解秋虫的特征。

阅读分享区:教师和幼儿共同收集与秋虫相关的科普图书和绘本。幼儿可以在这里阅读图书,分享自己的观察和发现,培养阅读兴趣和语言表达能力。

创意美工区:教师提供丰富的绘画工具和手工材料,鼓励幼儿用自己喜欢的方式表现秋虫。他们可以用画笔描绘秋虫的形象,用剪纸、泥塑等不同方式制作秋虫的模型,或者用自然材料等进行创意创作。

图 4-11　秋虫互动区　　　　　图 4-12　秋虫阅读分享区

主题墙交流区:在班级墙面上布置与"秋虫"相关的主题墙,展示秋虫的图片、幼儿的手工作品和观察记录等,营造浓厚的主题氛围。

② 组织不同形式的活动与"秋虫"链接:可以在具身认知、儿童友好和自然体验的理念指导下,全面、深入地了解和探索秋虫的世界,促进他们的观察力、想象力、创造力和社会责任感等多方面能力的发展。

户外观察活动：教师利用一日生活中户外活动的实践，组织幼儿到户外进行秋虫观察活动，让他们在自然环境中寻找和观察秋虫，了解秋虫的生活环境和生活习性。这种活动不仅可以锻炼幼儿的观察力，还可以让他们更直观地形成对昆虫特征的深刻认知。

图 4-13　户外观察秋虫的幼儿

集体教学活动：有了前期儿童会议中对昆虫的热烈讨论和浓厚兴趣，幼儿对秋虫的好奇心和探索欲也被进一步激发。他们纷纷表示，秋虫种类繁多，且形态各异，但往往因为体型小巧而难以细致观察。收集到这些信息后，教师开展了中班科学活动"认识秋虫"，旨在通过多样化的学习方式，满足班中大部分幼儿的需求，帮助幼儿深入了解秋虫的世界。

图 4-14　集体教学活动中幼儿积极观察讨论

个别化活动：儿童友好活动强调以幼儿为中心，尊重幼儿的兴趣和选择。不同的幼儿对于秋虫的兴趣点也不同，我们要求教师在开展课程时要看到每一个幼儿。因此教师在支持幼儿的学习时，也应该满足幼儿多样化的探究需求，开展个别化活动无疑是很好的支持策略。

为了让幼儿认识更多不一样的秋虫，教师提供了大量真实的昆虫模型与探究材料。因为对于幼儿来说，直观、具体的学习方式更为有效，在活动中幼儿通过高清图片和实物标本的观察，能直观看到秋虫的生活习性、飞行特点以及身体结构等，发现了秋虫之间存在的显著差异。他们认识了勤劳的蜜蜂、会跳高的蟋蟀、色彩斑斓的蝴蝶，以及形态独特的蚂蚱等。通过阅读图书及经验交流，幼儿对秋虫的认识更加全面和深入，幼儿又惊奇地发现，每种秋虫都有其独特的身体结构和生存习性。他们发现了昆虫的奇妙食物链、探寻秋虫的保护色秘密、知道昆虫有益虫和害虫之分。以下是较受幼儿欢迎的个别活动示例。

活动名称：**美丽的蝴蝶**

材料提供：显微镜、蝴蝶观察屋、捕虫器、科普自然绘本《蝴蝶的一生》、

自制"蝴蝶的一生"游戏板、幼儿收集的
最爱的蝴蝶图片、自制捕虫瓶、蝴蝶活体、
记录纸、笔等。

操作方法：

1. 根据自己对蝴蝶的兴趣点进行自主
学习，了解蝴蝶的生长过程、外形特征等
内容。

图4-15　幼儿在探究美丽的蝴蝶

2. 记录自己在探究中的想法和问题，与同伴进行交流、讨论。

观察指导：

1. 观察幼儿对哪些材料较感兴趣，学习中关注到了哪些与蝴蝶相关的内容。

2. 引导幼儿用多元方式（纸币、录音笔等）记录自己的观察与发现，并尝
试与同伴进行交流与探讨。

活动名称：有趣的昆虫

材料提供：自然材料、科学图书《我们身边的昆虫》、科学图书《亲亲自
然——小瓢虫》、透明柱昆虫标本、昆虫外形图、数字模板、放大镜、昆虫模型等。

图4-16　"有趣的昆虫"个别化材料区

图4-17　幼儿在探究昆虫

操作方法：

1. 利用图书、标本及放大镜等材料认识自己感兴趣的秋虫。

2. 自主使用昆虫模型、自然材料及数字材料等，尝试不同领域的探究活动，
如美工创意、数学认知等。

观察指导：

1. 观察幼儿对哪些昆虫较感兴趣，有哪些学习发现。

2. 引导幼儿使用材料进行不同领域探究，如尝试使用自然材料大胆创意构造昆虫的造型等。

个别化活动的内容并不是一成不变的，教师应始终追随着儿童的脚步，根据幼儿的需要对内容进行创设与调整。比如随着幼儿研究越来越多的秋虫时，他们对秋虫的"情感"也逐渐变得更多！他们开始关心下雨天秋虫去哪里躲藏。幼儿因此有了自己的担忧，想要为秋虫建构一个温暖的"家"，他们觉得这样下雨天秋虫就不怕淋雨了！于是教师创设了"秋虫旅馆"的个别化内容，幼儿可以运用低结构材料如纸盒、纸筒芯、各类草皮等，为秋虫亲手搭建家园。在装饰旅馆的过程中，幼儿不仅模拟了昆虫的自然栖息环境，还发挥创意为旅馆添加了独特的元素，使得"秋虫旅馆"既美观又实用。

活动名称：秋虫旅馆

材料提供：各类自主收集的环保材料、白胶、轻黏土、成品昆虫屋等。

操作方法：利用材料为秋虫设计"旅馆"。

观察指导：

1. 观察幼儿对设计"旅馆"有哪些考量，如何组合材料。

2. 鼓励幼儿遇到困难时可以通过合作、查询资料及讨论等方式解决问题。

图 4-18 "秋虫旅馆"个别化材料区

搭建"秋虫旅馆"是一个温暖的举动，在搭建的过程中，幼儿试着发现问题、分析问题及探究解决方案；还能和同伴共同讨论，不知不觉中竟然逐渐建立起初步的合作意识。

（3）情感共鸣与记录表达

① **提供多样化的记录表达材料**：开辟交流的区域，并提供绘画纸、彩笔、剪刀、胶水、贴纸等工具，鼓励幼儿用自己喜欢的方式记录对秋虫的观察和感

图4-19 关于秋虫的各种表征记录

受。同时，提供录音设备，让幼儿可以录制自己的声音，讲述秋虫的故事。

情感共鸣是幼儿理解世界、建立人际关系的重要方式。通过与秋虫的互动，幼儿能够感受到生命的奇妙与多样性，从而培养对自然的敬畏和爱护之心。这种情感的积累，有助于幼儿形成积极、健康的心理品质。记录表达是幼儿将内心感受转化为语言或图像的过程。在秋虫课程中，幼儿通过观察、思考、讨论，能够用丰富的词汇和生动的语言描述秋虫的特征、习性等，从而锻炼和提高语言表达能力。

而我们发现，当幼儿能够用自己的方式记录和表达对秋虫的理解时，他们会感受到自己的能力和价值，从而增强自信心和自尊心。教师告诉我，有一名幼儿在研究秋虫到兴头上时，曾大声告诉教师，研究秋虫太有趣了，以后想当一名"昆虫学家"！像这种自信心的积累，我相信将对他们未来的学习和生活产生积极影响。

②**鼓励亲子共同探究**：邀请家长参与秋虫课程，共同观察、记录秋虫，制作秋虫手工艺品等。这种亲子互动，不仅有助于增进亲子关系，还能让家长了解幼儿的学习情况，共同促进幼儿的发展。

在活动中有一位妈妈用相机帮幼儿记录下了毛毛虫吐丝的过程。回园后，幼儿将自己的所见所闻进行分享，她不仅描述了毛毛虫生长的过程，还提出了毛毛虫如何防御天敌捕捉的问题，引发了全班的深入讨论。

可见家长的助力可以为幼儿提供持续探索昆虫世界的线索和动力，使他们的学习经验得到不断丰富和深化，也有效地促进了幼儿持续性经验的积累，为他们的发展奠定了坚实的基础。这些支持在做课程时是非常珍贵的。

正是在多样态活动以及多方参与的积极的教育生态中，幼儿才得以持续、主动、积极地探究与学习，也正是教师在陪伴幼儿深度学习的过程中，幼儿才被塑造成"有力量的学习者"。

（案例提供者：潘佳妮 李 婷）

（二）儿童议事机制

在自然体验活动中，我们逐步引入儿童议事机制，并在宜浩部、茉莉部两部大厅开辟了儿童议事的专用区域，鼓励幼儿深度参与自然体验活动的组织和实施中。有些人可能会好奇：年幼的孩子真的能够参与吗？答案是肯定的。实际上，在参与的过程中，他们展现出了超出我们预期的认真、负责和细致。

图 4-20　儿童议事厅

例如，园所内有一些公共饲养的动物，这些动物应该如何照料呢？在过去，每个班级都有自己的动物需要照顾，而公共区域的动物照料工作通常由生活教师或保健教师承担。所以，幼儿会认为这件事和自己无关。为了解决这个问题，我们鼓励幼儿积极参与公共饲养动物的照料工作中来。这样一来，幼儿的积极性被充分调动起来。他们不仅共同商议并制订了轮流照料的计划，还在照料过程中注意了许多细节问题。更令人欣慰的是，一些幼儿还主动思考了在假期里如何妥善照料这些动物的方法。

又比如，当幼儿各自认领了一棵树后，他们对自己负责的那棵树倾注了大量的关心与注意，经常主动去观察树木的生长状况。比如，某一届大班的幼儿觉得从运动小木屋中伸出树桩、树枝的大树很特别，就决定认领这棵大树来观察和照料，因为独特的地理位置，幼儿特别喜欢，还时常爬到树上眺望远方。但一次教师告诉幼儿，有中班的弟弟妹妹运动时蹭到了树枝，想问问这棵大树的小主人们有什么好办法能够更好地保护弟弟妹妹的安全。幼儿通过讨论，决定要为大树做"软包"，幼儿从家里带来了闲置的被单、布料和毛线等，还细致地做了警示标志。有一天幼儿发现大树的树枝被砍掉了一截，切面上还被涂上了红油漆，一开始幼儿以为是哪个班的学生故意捣蛋的结果，后来对学校的教师和其他工作人员进行询问才知道是绿化部门的叔叔"干"的。那为什么要在树枝上涂颜料呢？幼儿把自己的疑问写成了一封"求助信"，交到了各个办公室，最后我特别邀请绿化部门的工作人员来向幼儿做解答，原来是这棵树年纪太大了，一部分树枝被虫蛀所以砍掉了，红色的油漆就像幼儿手上涂的红药水一样，预防再次虫蛀。经过这次事件，幼儿对这棵认领的大树感情更深了，后续还对这棵大树的名称、生长特点、药用价值等做了调查研究，才知道原来这棵大树是浑身是宝的乌桕树，一年四季都有不同的形态特征，春天开花，秋天结果，到了深秋果子还会披上一层白色外套。这棵乌桕树也是幼儿园里年龄最大的树，为了让更多伙伴知道他们的发现，他们分成了不同的小组，自制海报前往各个班级去做科普宣传，呼吁更多幼儿关心、爱护这棵大树。这个课程故事当时深深地打动了我，活动中，幼儿不仅展示出了惊人的观察力、思考力，更展示出了作为幼儿园最大的哥哥姐姐的责任感，以及对大自然探究的热忱。陪伴大树生长的每一天，同样也滋润着幼儿点点滴滴的成长。

通过这样的实践，幼儿不仅学会了如何合作、解决问题和做决策，还培养了责任感和爱心。他们被赋予一定的责任和权力，这有助于培养他们的自信心和领导能力。同时，他们也学会了倾听他人的意见和尊重不同的意见，这对于

图 4-21　幼儿认领了这棵大树　　图 4-22　"儿童议事会"讨论结果

图 4-23　幼儿自己带来材料对大树做"软包"

图 4-24　幼儿的新发现

图 4-25　幼儿观察到四季不同形态的乌桕树

图 4-26　儿议会成员去各个教室宣传

他们的社会交往能力和团队合作精神的培养非常重要。

　　以下是 2024 年幼儿园开展的一次主园跨部的儿童议事活动实录，这次儿童议事会，我们邀请了家长和社区代表共同来园观摩参与，以让幼儿的心声被更多的成人听到，并得到更多的支持。

案例： **儿童议事——共同商议新建自然乐园的设计方案**

　　2024 年 1 月，幼儿提出想要打造一个自然体验乐园。我们尝试开展跨部的儿童议事活动，邀请园所所有大班幼儿参与自然乐园的设计中来。

　　开场白： 各位小小议事员们，大家好，我是今天的议事会主持人大九班的潘老师，请来自各个班级的小代表们向大家介绍一下自己吧！欢迎大家来到今天的议事会现场。

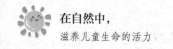
1. 议员代表发表班级观点

主持人：最近大班的幼儿都在为自然乐园忙前忙后，不仅设计了模型，还参观其他班设计的模型。请你们说说你们班最喜欢哪一个设计方案，请小代表来分享你们班的理由。

大六班代表：我们想要在自然乐园里增加一个大草坪，可以在草坪上放风筝、踢足球，里面还要有一个大山坡可以玩滑草。我们还想在草地上养一些小动物，比如小兔子小羊，我们可以和它们一起玩，如果可以的话我们还想养几匹小马。草地上可以搭帐篷、烧烤，晚上还可以放烟花。下雨天的时候草地上会有积水，我们可以踩水玩。

大七班代表：我们希望自然乐园里种很多各种各样的树。我们想在河边种柳树和桃树，春风吹过，柳条随风飘动很美，桃花开了，也非常美丽。我们还想在自然乐园里种上常青树，冬天来了，我们能观赏到绿绿的树。还要种很多果树，因为我们想吃各种各样的水果。秋天我们想种银杏树和梧桐树，黄黄的叶子落下来，踩在上面像踩在厚厚的地毯上，好想在梧桐树下拍照，非常好看。我们还想要一棵很大很大的树，上面造一个房子，可以在树上玩耍。

大八班代表：我们班级想在自然乐园种不同时节开放的花，这样我们四季都可以看到美丽的花。春天我们可以种迎春花、桃花、郁金香，夏天可以种向日葵、荷花，秋天当然要有桂花、菊花，冬天可以有梅花。

2. 对受欢迎方案中共同喜欢的要素达成共识

主持人：有几个自然乐园的方案很受欢迎，这几个方案里面一定有很多你们共同喜欢的地方，你们发现有哪些？让我们一起来讨论一下。

达成共识：梳理幼儿讨论结果，总结方案中幼儿共同喜欢的要素。

3. 进一步代表班级对"自然乐园"补充需求

主持人：今天，我们现场还邀请到了社区各行各业的叔叔阿姨们，他们也很关心你们的自然乐园，想要帮助我们一起来实现。那么，请你们再仔细想一想，除了这些以外，自然乐园里还需要有什么呢？请小代表们再讨论一下，一会儿把我们班级同伴的想法大胆地说出来给叔叔阿姨们听！

图 4-27 全园"儿童议事会"活动现场

结束语：你们今天不仅是小议员，更是临港小主人，会议结束老师会把讨论出来的这些需求带给城市建设者们，让他们在设计社区的时候能听听小朋友们的心声。今天的会议到此结束，请小代表们有序离场。

这次儿童议事会，对幼儿来说是一次宝贵的经历。他们不仅学会了表达自己的观点和意见，还学会了倾听他人的声音，并在团队中合作，达成共识。之后宜浩部的教师再次邀请大班儿童议事会议代表，共同讨论如何在宜浩部现有空间内打造一个水生体验区和昆虫馆。

（案例提供者：潘倩雯）

（三）幼儿参与课程评价

儿童友好理念强调，儿童不仅有生存权和被保护的权利，更享有发展的权利，还包括表达意见和被倾听的权利、在影响其生活的决策过程中参与的权利以及加入或形成儿童组织的权利。因此，我们在近几年的课程实践中，尽可能让幼儿参与到课程评价中来。为了做到这一点，我们需要找到让幼儿有意义地参与评价的方式。

之前我们已经提到，马赛克方法是一种融合了多元方法、多重声音的参与式研究范式，是由观察、访谈、儿童摄影、绘画、儿童会议、幼儿园之旅、地图制作、魔毯等多种方法组合形成的一种综合性儿童研究技术，而非某种具体方法。这种技术强调儿童不应是被动的权利接收者，而是积极的、具有能动性的"权利拥有者"，尤其强调儿童的参与权。通过儿童之旅、儿童摄影和儿童绘画等形式倾听儿童的认识，将碎片化的信息镶嵌成儿童视角下的完整评价。让幼儿有意义地参与到评价中去，也使幼儿的评价更加具象、全面，从而有效支持我园自然体验活动中教师对幼儿材料的支持、环境的设置以及师幼互动的进一步深入。

那么，如何运用马赛克方法让幼儿参与评价呢？我们用到了马赛克方法中的4+X的参与工具，利用这些工具倾听幼儿对于自然体验活动的想法，将碎片化的信息整合成儿童视角下的完整评价。

1. 儿童访谈

根据研究想要评价的内容，先设置儿童访谈提纲，再通过一对一或者一对小组进行结构化访谈，了解幼儿对自然体验活动的想法。下面截取的是大班一名幼儿A的访谈内容（见表4-3）。

表4-3　幼儿代表访谈内容

姓名：幼儿A	班级：大班
提问	幼儿回答
最喜欢在哪里开展自然体验活动？户外活动的时候喜欢一个人玩还是和其他小朋友一起玩？喜欢和谁一起玩	喜欢玩沙子、水。喜欢和小朋友一起玩，最喜欢和小艾、杨骏骐、点点、张佳琪、宁宁、金陟、圆圆一起玩
你喜欢户外的哪些材料	沙子、水、树枝、石头、水管、铲子
你喜欢自己一个人玩这些材料，还是和其他幼儿一起玩耍	喜欢和同伴一起玩
你在游戏中会遇到材料不够的情况吗？当遇到材料不够或者没有想要的材料怎么办	经常遇到。去找其他小朋友借，可能他们有不需要的材料，但如果其他小朋友也需要，那就自己去找点别的
你和同伴会不会发生争吵？为什么争吵	会争吵、会抢东西、打架，我拿到了材料会有其他小朋友来争抢。在游戏的过程中，有时候会因为想法不一样吵架，有时候搭到一半森森会来搞破坏，我也会跟他吵架

姓名：幼儿A	班级：大班
提问	幼儿回答
那后面你们怎么解决争吵的	老师会来帮助我们，老师会让我们和好、互相道歉，如果有不同的想法，老师会鼓励我们把自己想法都完成
户外活动的时候，老师会和你们一起玩吗	老师会和我们一起玩，有时候保育老师也会加入一块玩
老师和你们玩了什么	沙子、积木、彩虹车
你喜欢和老师一起玩吗？为什么	喜欢和老师一起玩，因为老师也喜欢和我们一起玩，会在我们遇到困难的时候帮助我们
户外活动的时候老师还会做什么	老师会看着我们，在旁边保护我，有的小朋友做了危险动作老师会制止
你还希望老师和你一起做什么	希望和老师一起玩滑滑梯

分析：

通过儿童访谈可以非常直观地了解幼儿对于活动的评价。从该幼儿的访谈记录可以看到，他在户外活动中最喜欢的是沙、水，材料也是围绕沙水游戏展开。在材料方面，通过访谈可以了解到，该幼儿在游戏中经常遇到缺乏游戏材料的情况，幼儿会自主寻找方法解决，但是又从侧面体现了教师对于幼儿游戏材料方面的支持是不够的。在师幼互动方面，从访谈材料可以充分体现幼儿与教师的关系很融洽，幼儿喜欢与教师共同游戏，遇到问题会寻找问题解决，在这个基础上教师可以考虑在游戏中通过自己的介入促进其学习品质等方面的发展。

在运用访谈法让幼儿参与评价时，需要注意的是此工具对于幼儿语言的表达表现具有较高的要求，所以访谈法更适合中大班幼儿。

2. 儿童摄影

幼儿用相机把自己在自然体验活动中喜欢的材料、环境或者发生趣事的场景拍下来，为"儿童视角"的展现提供了绝佳的承载工具。

拍摄幼儿：小二班　幼儿 B　　　　拍摄幼儿：小二班　幼儿 C

拍摄幼儿：中四班　幼儿 D　　　　拍摄幼儿：中四班　幼儿 E

图 4-28　儿童摄影

分析：

通过以上四名幼儿拍摄的照片可以发现，他们都关注到了小菜园，由此可见在自然体验活动中，小菜园种植给幼儿留下了深刻的印象，幼儿对于种植等活动很感兴趣。但是中四班的冯盛晟这样描述自己的照片："这里可以一起种菜，但是空心菜枯死了。"说明在种植活动中班级缺乏对于植物的后续照顾，环境还没有充分满足幼儿的需求，需要教师引起重视。

儿童摄影操作起来较为简单，尤其适合小班幼儿使用，通过照片教师能够更加直观地了解幼儿的视角及想法。在实践中，教师遇到的最大困难可能是摄影工具的收集，这需要教师与家长做好充分的沟通工作，从而支持马赛克方法。

3. 图书制作

教师打印幼儿拍摄的照片，并协助幼儿完成图书制作，记录幼儿在制作图书过程中对自己拍摄照片的介绍及拍摄原因。

表 4-4　幼儿代表图书制作内容

姓名：幼儿 F	班级：中 4 班
照片	照片说明
	第一页 我最喜欢菜地，因为我喜欢吃蔬菜。运动结束老师总是带着我们来浇水
	第二页 我也很喜欢沙水池，喜欢看到水，喜欢和我的朋友在水里玩
	第三页 这里是我们堆树枝的地方，我们会用树枝堆成许多小山，旁边还有很多可以玩的玩具
	第四页 这里种着很多药草，有薄荷和迷迭香，闻起来香香的

分析：

图书制作是儿童摄影的延续，通过对幼儿拍摄照片的回顾，进一步了解幼儿拍摄照片的缘由，同时通过幼儿对自己拍摄照片的选取、排序也能够了解幼儿对自然体验活动环境的喜好程度。如案例三中，该幼儿在拍摄照片时关注到小菜园，在制作图书时将小菜园放在图书的第一页，说明他最喜欢的自然体验地点是小菜园，由此教师可以通过梳理所有幼儿制作的图书，寻找没有被提及的自然体验活动区域，并进行反思调整。

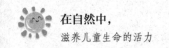
图书制作的过程中，教师首先要明确幼儿根据自己的喜好程度对自然体验活动排序并解释说明，由此来确定幼儿对不同区域的喜好，为教师调整环境、材料等提供依据。

4. 幼儿园之旅

幼儿带领教师参观自己最喜欢的自然体验活动区域，并对其进行介绍、说明原因。

表 4-5　幼儿代表幼儿园之旅的内容介绍

姓名：小卓		班级：大一班	
地点	人物	材料	事情
沙水区		水、小石子	我一般喜欢在沙水区旁边的那个小山包上玩
中草药区		薄荷、迷迭香	这里种着很多药草，闻起来香香的
户外草地	老师和小朋友	树枝、菜地、小木屋	老师和小朋友们都在户外上班、游戏

分析：

案例四中，幼儿做小导游带领教师参观自己最喜欢的三个区域：沙水区、中草药区、户外草地。通过幼儿对自己喜欢的自然体验活动区域描述可以看到，幼儿在这些区域的自然体验活动还是比较趋于表面，所以即使是大班幼儿也无法具象地描述在这些区域开展的自然体验活动。由此可见，教师在创设环境以及支持材料的时候要进一步关注活动的深入性。

幼儿园之旅通过鼓励幼儿主导介绍自己喜欢的自然体验活动场地，让幼儿设身处地，在真实的情境中讲述内心最真实的感受。此工具对于幼儿的语言表达要求也比较高，故不太适用于小班幼儿。

5. 地图制作

幼儿将已经开展的自然体验活动汇总在一起，形成一张"地图"，更确切地说是"认知海报"，将自己的经验呈现在一张海报上。比如，幼儿将自己在幼儿园内喜欢的自然体验的区域和材料贴在纸上，并用笔进行顺序连线，在制作的过程中，既能回顾刚刚的幼儿园之旅，也能反映出幼儿对幼儿园自然体验区域及材料的喜爱程度。

图 4-29　幼儿制作的地图

幼儿 G：先在这里画一棵小树，小树附近有一顶小帐篷，要放在这边。这棵小树旁边是我们班的小菜园，我拍的花要放这里，这个瓶子放在这里好，我还要画些别的东西，用花朵装饰一下。

分析：

从该幼儿的只言片语中我们发现，幼儿提到了树、帐篷、小菜园、花、瓶子、装饰，同时结合她所制作的地图，我们可以发现幼儿对户外活动中的帐篷比较有兴趣，同时对各种花及装饰性的东西比较喜欢。那么在后期的自然体验活动中，我们可以增加一些装饰性的材料，同时也可以增加品种多一些的花卉。

6. 儿童绘画

通过绘画的形式，幼儿补充在自然体验活动中发生的趣事，教师从而了解幼儿对自然体验活动的想法。

图 4-30　儿童绘画

胡钟心：这是学校的操场旁边的小菜地，我们路过时观察到菜地里面长了很多草。

分析：

案例六中，幼儿把对自然体验活动中环境的想法画了下来，通过幼儿的绘画我们可以发现与案例二中同样的问题，幼儿喜欢小菜园，但是后期对小菜园的照顾没有满足幼儿的需求，这需要教师进行及时的调整。

儿童绘画是我们平时了解幼儿想法的最常用的方式，值得我们注意的是，在儿童绘画之后教师要有耐心将幼儿所绘大致意思用文字记录在旁，帮助幼儿记录的同时，也能够了解每一个幼儿的内心想法。

以上列举的运用马赛克方法让幼儿参与评价的案例，只是各个活动中的一小部分掠影，在实践过程中，我们可以从马赛克方法的工具库中选取适合自己班级幼儿的方式，同时需要灵活组合运用，才能得到更真实有效的幼儿评价。

让幼儿参与评价不仅使课程调整有据可循，而且能够在关注整体的同时，聚焦到不同幼儿的想法。教师通过观察幼儿、分析马赛克方法获得的评价材料，从而对课程进行针对性的调整，不仅能够保证课程的正常实施，还能保证调整后的课程真正符合幼儿的需求。在这个过程中，逐步建立了动态的循证评价机制，即"幼儿评价—发现问题—优化课程"。

其次，运用马赛克方法进行评价符合幼儿的认知发展水平，在语言与思维能力发展不足的情况下，借助图形图像的可视化评价可以帮助幼儿更好地回顾在自然体验活动中的感受。幼儿对自然体验活动的评价不仅可以从自身的视角来看待活动的适宜性，同时更为重要的是可以发展幼儿开展评价的自我意识和一般能力，有助于实现幼儿对自然体验活动的深度和有效参与。

案例： 原来你的心里藏着一个这么大的世界

童童是个6岁的女孩，在一日活动中很少主动表达自己的想法，经过观察我们发现大部分情况下她在游戏中以旁观为主，很少加入别人的游戏，有的时候问她在做什么，她的回答是："不知道"或者"我也不知道要玩什么"，所以在教师的眼中，她对自然体验活动应该是没什么印象的。所以在邀请她进行评价前，我非常担忧，怕她一问三不知。

那么事实真的是这样吗？我决定用高质量倾听的工具——马赛克试试看。那么具体怎么用这些工具呢？我细致地了解了马赛克的各种工具，最终决定先从最直观的魔毯入手。通过幻灯片放映图片，为幼儿提供直观的素材激发幼儿的表达。

我用幻灯片播放了幼儿在不同区域开展的自然体验活动，如沙水池。童童对于沙水池的反应最激烈，一向不爱说话的她开始滔滔不绝地说起在沙水池和朋友一起搭城堡的过程；在播放种植园活动的时候，童童说我在这里浇水、除草、照顾小兔子；在播放探究鲜花课程故事的时候，她只对其中的鲜花拓印有印象；在播放小乌龟的探究活动时，童童又开始滔滔不绝地说起自己家里养的小乌龟，但是对学校的乌龟没什么印象。通过实录我们可以发现，其实童童跟我们观察的不一样，她实际上参与了活动，并对于自然活动有自己的想法，比如她希望在活动的时候，教师能够和小朋友们一起玩。

通过使用魔毯，让我知道原来她是很有自己想法的，魔毯也帮助幼儿打开

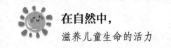

了话匣，为教师和幼儿之间建立了良好的沟通桥梁。通过马赛克方法，我才发现原来这个女孩看似每次游离在活动外，实则小小的身躯里蕴藏着丰富的内容，每天看似平静的她，内心活动实则灵动万分。

（案例提供者：潘倩雯）

在这个案例中，潘老师一开始担心如何让该幼儿参与进来，后来她决定尝试使用"魔毯"这一工具。这个工具通过幻灯片放映图片，为幼儿提供直观的素材激发幼儿的表达。结果证明，这是一个明智的选择。当潘老师首次引入魔毯时，这个通常沉默的幼儿开始逐渐打开心扉，与教师分享起了自己的想法。随后，随着更多互动工具的加入，幼儿更多地参与和反馈，这让潘老师感到既惊喜又欣慰。

这个案例展示了马赛克方法的力量，它不仅能够激发幼儿的学习热情，更能帮助他们打破沟通的障碍。潘老师的经验提醒我们，教育的成功往往来自教师的创意和对学生个体差异的深刻理解。也就是说，评价方法需因幼儿而异。对于表达能力较强的幼儿，儿童访谈和绘画通常足以揭示关键信息。然而，对于语言和绘画能力较弱的小年龄段幼儿，采用儿童摄影或幼儿园之旅可能更合适。探索更多种如马赛克方法等的课程评价手段，是我们不断前进的方向。

要确切了解幼儿的游戏意图，给到适宜有效的支持绝非易事，但利用马赛克方法来尝试倾听则能够将幼儿游戏行为背后的深层意图可视化。当然，就像著名学者洛利斯·马拉古齐所言，"孩子有一百种语言"，没有哪种方式是绝对准确的，因此，除了儿童访谈、儿童摄影、图书制作和幼儿园之旅等常用的马赛克倾听方法，教师也可以尝试运用魔毯、地图制作、儿童绘画等方式来了解幼儿的需求。最重要的是，教师要明白，我们不可能用一两种单一的途径就能捕捉到每一个幼儿的游戏需求，因此，我们要耐心地进行尝试、探索，用不同的方式进行倾听，尽可能让幼儿内心的游戏需求"浮现"出来，真正走进每一个生动、完整的幼儿，而不是只采纳自己觉得准确的信息。

二、教师实践智慧的涌现

教育实践不是机械地重复，而是智慧在行动中不断生长与迭代的鲜活历程。当教师从"经验执行者"转向"反思性研究者"，实践智慧的涌现便成为教育创新的内在动力。基于现象的自然教育叙事沙龙，以真实情境中的教育故事为线索，引导教师在对话中抽丝剥茧，从平凡的教育瞬间捕捉灵感的火花；基于智慧共享的教科研联动，通过科研活动、案例共创与资源流转，让个体经验升华为群体认知的财富；而助推反思性实践的微课题研究，以"小切口、深聚焦"的方式，推动教师在"行动—观察—反思"的循环中实现专业自觉。这三重路径的交织，既是教师实践智慧破土而出的土壤，也是教育生态向更开放、更协同方向演进的标志——当教师的思考被看见、经验被激活、困惑被共解，教育便真正走向了"以智慧滋养智慧"的共生之境。

（一）基于现象的自然教育叙事沙龙

教育叙事是非常适合一线教师的研究方式。基于教研活动，我们也定期组织基于现象的自然教育叙事沙龙，鼓励教师讲述自己在自然体验活动实践中遇到的困惑、挑战或故事，通过对话与交流，不断加深对"自然体验活动"的本质认识，更在这个过程中，看懂幼儿的学习与发展。

案例1： **由一个困惑引发的"自然角饲养活动"的变革**

在一次大教研中，年轻教师陈格老师通过自然角饲养活动的实践，提出以下困惑："在自然角幼儿会饲养一些动物，有时幼儿会把自己周末发现的小昆虫带来幼儿园观察，我们教师一般会以这种形式开展：首先会请幼儿围着这个小小的饲养盒进行观察，然后说一说自己观察到的内容，再进行记录。最后教师借阅一些和该动物有关的书籍和幼儿分享。幼儿从中收获了什么呢？知道动物的名称、外观以及行动方式。这个过程看似是亲近、了解动物的过程，激发了幼儿探索的兴趣，但事实上幼儿并没有探索的过程，只是简单的发现。因此，往往对于植物角内动物的观察很难推进。比起知道动物的名称及特征等，我认为幼儿的自然体

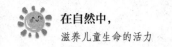

验最重要的有两点：第一，感受动物和栖息地的相互依赖，学会尊重生命；第二，发展幼儿自主探索、调查研究的能力。而这些仅凭在自然角中对于动物的观察是做不到的，必须要借助户外的体验，走进动物的栖息地。"

于是，教师结合现有的课程样态，一起探讨交流并共同形成了课程推进与远足活动相结合的方式，帮助幼儿能够获得更丰富的感受和体验。这也让我深深体会到，教师日常保教工作困惑的分享和教研活动中的思辨才是真正促进课程质量提升的动力源泉，我们应该让更多的青年教师把自己的困惑表达出来。

案例2：　探秘蚕宝宝

在一次教研活动中，教师唐莉莉陪伴幼儿研究蚕宝宝的活动之后，我们一起就案例中幼儿的收获与成长进行了探讨。教师发现，幼儿的成长远不止认知层面的经验积累。

①在"亲密接触"中丰富感知体验

在幼儿第一次看到蚕宝宝时，我发现班中的幼儿都不认识蚕宝宝，在接触过程中较多幼儿不敢抚摸蚕宝宝，而有几个幼儿又显得力度过重。所以教师每次和幼儿一起观察时总是有意和蚕宝宝来些"亲密接触"，我首先自己去摸摸碰碰蚕宝宝，并鼓励幼儿去试一试、摸一摸、捉一捉。逐渐地，幼儿觉得蚕宝宝好可爱，不会咬人，不会乱"跑"，大家都愿意和蚕宝宝玩一玩，愿意小心翼翼地去保护它。

②在观察比较中进行自主探究

教师在幼儿与自然亲密接触的过程中应及时提供引导与支持。例如当有的幼儿采来不同的桑叶时，我就带领幼儿认识桑叶。在观察桑叶、清洗桑叶的过程中，他们区分桑叶与其他树叶的不同，知道桑叶有股清香，他们仔细分辨了桑叶的特点，还特意选出一些嫩桑叶给蚕宝宝吃。

③在解决问题中深度学习

在照料蚕宝宝的过程中，幼儿产生了各种各样的问题，我鼓励幼儿尝试把这些问题记录下来，和同伴一起进行讨论。有的疑惑由同伴解决了，有的疑惑大家一起找资料解决，还有的疑惑留待以后在持续观察中解决。在此过程中，幼儿能仔细观察、主动探索、乐于发现。

④ 在饲养照料中培养责任意识

随着蚕宝宝的日益长大，好几条蚕宝宝住在一起实在是太拥挤了。幼儿决定给蚕宝宝"造房子"。他们有的拿来了纸盒，有的动手折了一个"家"，蚕宝宝被分散在不同的"房子"里。同时，白白胖胖的蚕宝宝每天都要吃很多桑叶，产生的粪便也不少，幼儿每天来园都要仔细、认真地给蚕宝宝清理残留的桑叶和粪便，让蚕宝宝每天都生活在一个舒适的环境里。

案例3：　　　　　　　　蘑菇的故事

在一次教研活动中，青年教师沈沛旻分享了她的一个自然角的互动案例：在一次午餐时，我发现我们班的很多幼儿都不喜欢吃蘑菇、菌菇类的食物。多次鼓励，幼儿也没有改观。于是，我想到可以尝试和幼儿一起种蘑菇。于是，我找来一个大纸箱，在里面种上蘑菇。幼儿说："房子不够漂亮，蘑菇会不会也长得不漂亮？"于是，幼儿自己涂鸦装饰蘑菇房子。在幼儿的精心照料下，蘑菇很快长大了，幼儿带着自己种植的菌菇回家，一起参与烹饪，不少幼儿自此爱上了菇类。

自此，幼儿园自然角的种植活动已经不再是教师种一些植物让幼儿来照料，而是能够根据幼儿的发展需求来有目的地选择和种植，充分发挥了自然角对于幼儿发展的价值和作用。

（案例提供者：沈沛旻）

通过多个类似教育叙事研讨分析之后，教师对幼儿发展的观察与支持也逐步产生了变化，不再只关注幼儿有没有把植物种好，而是更细致地去发现幼儿在与自然接触过程中的感受与自然生发的活动契机。

（二）基于智慧共享的教科研联动

我们尝试通过教、研、培三位一体，以及课题引领、大小教研及项目化教研多维教研相融的方式，以点带面，纵横贯通，让教师能够领会"大自然就是大课堂"的真正内涵，并让幼儿园的课程实施符合具身认知理论，让每一个幼儿都能在活动中专注地探索、投入地游戏，积极地在与教师、大自然、同伴的互动中学习与发展。

1. 课题引领　教研相融

以学校区级课题《生态学视野下幼儿园户外自然体验活动的实践研究》为引领，我园大小教研活动共同围绕户外自然体验活动的创新实践进行积极的探索。

以 2021 学年第二学期的大教研活动为例，我园大教研活动就"幼儿园户外自然体验活动的组织与实施"开展了一系列教研。与此同时，我园还围绕课题研究及大教研活动主题开展符合不同年龄特点和发展需求的各有侧重的教研活动（见表 4-6）。

表 4-6　2021 学年第二学期不同年龄段教研专题汇总表

年龄段		宜浩部	茉莉部
小班	专题一	《小班户外自然体验活动的组织与实施》	
	专题二	《小班幼儿自然体验活动中的师幼互动》	
中班	专题一	《中班户外自然体验活动的组织与实施》	
	专题二	《中班幼儿科学探究活动中的表征行为研究》	
大班	专题一	《中班户外自然体验活动的组织与实施》	
	专题二	《大班幼儿在科学探究活动中表征能力的培养》	

2. 双轨并进　多点渗透

2021 学年，由于一园两部架构初步形成，所以，当时的教研还是以同一主题为主。自 2022 学年开始，我园通过一园两部双轨并进式教研模式，进一步推动课题研究的深入性，提升教研活动的有效性。

以 2022 学年第二学期的教科研活动开展为例。课题组 2022 学年第二学期的科研目标是力求在原来研究基础上，梳理阶段性成果，形成《自然体验活动实践手册》大致框架。因此，我园大教研的专题也从"自然体验活动的组织与实施"调整为"儿童立场下户外自然体验活动的观察和支持"，旨在形成丰富的教学经验与案例，进一步搭建和优化基于儿童立场的课程内容框架，梳理课程实施原则与要点，提升我园整体课程质量。

随着我园两部精细化管理机制的不断完善，我们依据各部门的特点与教师需求，制订了差异化的大教研主题。宜浩部校舍因使用时间较长，楼梯设施陈旧，教师在开展自然体验活动时面临诸多实际困难。因此，宜浩部教师着重探索并研讨了如何基于儿童观察来创设自然体验活动环境及投放材料。而茉莉部作为 2017 年新投入运营的园所，先天条件优越，设施设备齐全，拥有种植园地、大小沙池、草坪等多样化的户外环境，且植被种类繁多。结合部门教师年轻化的特点，茉莉部教师则围绕"基于儿童立场的户外自然体验活动中的师幼互动"这一话题，开展了深入的大教研活动。

而在大教研主题下，每个年级组又围绕自身组员的教研需求和实际工作重点形成不同的教研专题。以 2022 学年第二学期为例（见表 4-7），围绕大教研专题，各部门各年级组形成了更为深入的教研话题。通过年级组的实践研究，既为大教研活动提供丰富的教研话题和研讨素材，更调动了每一位教师实践研究的积极性，推进了课题研究的深度和广度。

表 4-7　2022 学年第二学期各年级组教研专题汇总

大教研专题：《儿童立场下户外自然体验活动的观察和支持》 宜浩部：以环境创设为教研核心；茉莉部：以师幼互动为教研核心		
年龄段	宜浩部	茉莉部
小班	《基于儿童发展优先利用户外自然元素丰富小班幼儿游戏体验的研究》	《小班幼儿自主游戏中表征行为的解读》
中班	《儿童视角下中班班本课程的生成与实践》	《运用马赛克方法促进中班幼儿在自然体验活动中学习品质的研究》
大班	《大班户外自然体验活动中实施幼小衔接的实践研究》	《大班户外自然体验活动中师幼互动质量的研究》

教研相融，多点渗透，将自然体验活动的内涵、理念通过点点滴滴的活动渗透到教师心中，渗透到课程实施的方方面面，如坠入湖面的水滴，泛起层层

涟漪，实现了在高质量发展过程中师幼的共同成长。而户外集体教学活动的研究，更是给了教师理论联系实际的广阔舞台，教师和幼儿共同在阳光下成长，在互动中历练，而我们学校的户外空间也更热闹、更灵动了！

3. 实证教研 走进幼儿

当学校的户外环境逐步丰富起来，当教师对于户外活动的经验更加丰富，我们教育教学研究的视角也逐步从教师专业发展走向幼儿的观察支持。教师会去思考，为什么我创设的环境幼儿玩不起来呢？幼儿究竟喜欢玩什么呢？同样的场地、同样的材料，为什么这个班玩的和那个班玩的不一样呢？我们的后续支持又应该是什么样的？我们的课程推进该走向何方？教师带着实践中遇到的问题，在教研活动中共同交流探讨。

比如，在教研活动中，教师共同解读幼儿表征，观摩幼儿活动视频，共同通过对幼儿游戏行为、游戏意图的研讨，进一步理解幼儿行为背后的发展指征。当青年教师发现雨天幼儿在户外游戏时鲜有合作而有些"焦虑"和"困惑"时，通过讨论，更多有经验的教师根据幼儿年龄特点和视频实录当下幼儿游戏行为的剖析，帮助青年教师理解幼儿独立游戏背后所代表的幼儿反复探索的自主学习力量，并就师幼互动的提问进行了讨论和优化。在讨论中进一步提升对幼儿的理解。

（三）助推反思性实践的微课题研究

除了在教学实践方面不断通过多元化方式支持教师教学理念和教育行为的转变，我们还充分利用园内外资源，为有条件、有意愿的教师提供专业深耕与历练的机会。

我们鼓励科研组的教师对有意愿开展课题研究的教师进行个别指导，并且不断优化我园的科研制度。每学期，我园首先进行园级课题申报，园级课题可以由教师个人独立申报，也可以 2—3 位教师组团申报。在此基础上，科研组的负责教师会选取几个比较有研究价值的课题进行深入指导，并推荐参加区级的课题申报。近年来，我园每年通过的区级课题基本保持在 3—4 项。2024 年，园长主持的课题成功申报为市级课题，此外，我园还有两位教师的青年课题项目成功申报为市级青年课题。为了让更多教师走上成为研究型教师的专业道路，我园在区级规划课题立项成功后，还会邀请教研员来园进行开题指导，以进一步促进教师科研能力的提升。

目前，我园科研成果连续获浦东新区第九届、第十届科研成果三等奖，已完成市区级课题 10 余个，在研市级课题 3 个，区级课题 19 个，现为浦东新区"十四五"家教科研基地、浦东新区新教研实验园、浦东教育发展研究院临港教育科学研究基地。许多区级课题研究的话题和内容也转化为年级组、教师专业发展项目组的具体研究话题和内容，学校已形成浓厚的科研氛围。每学期都会有 10 余位教师获市、区级或集团的征文奖项。

2023 年第二学期，我们还有幸邀请浦东新区课例研修团队来我园开展课例精修工作坊活动，结合我园课程特色，区科研团队多次为我园教师带来"以幼儿为中心的课堂观察""教学前后测的案例分析""基于园本课例工作坊的教师写作"等专业的微讲座。整个研修坊的活动围绕园本特色课程活动课例"奇妙的气味"，通过专业团队带领下的"一课三研"的实践研究，真正推动教师从教师本位转向儿童本位。整个课例研修活动，有专业理论引领，有与专家的专业探讨和对话，更有观察案例和活动感悟的分享交流、经验和反思的分享讨论等，为我园的教研模式带来了革命性的迭代更新，更让教师的教育行为发生翻天覆地的变化。教师不仅学会通过前后测来关注教学活动实际对幼儿认知及行为带来的作用，同时，教师也通过照片、视频等信息素材的科学分析，从对教学活动设计进行研究到对幼儿操作行为和话语分析进行研究，切实地提升教师的观察与评价能力，从而潜移默化地影响师幼互动和教师的教育支持策略的转变。

三、幼儿成长共同体的自然联结

在这个被数字割裂的时代，重建幼儿成长的生态共同体，不是刻意搭建教育脚手架，而是让那些早已存在的自然联结重新呼吸：家长通过亲身参与自然体验活动，成为守望生长的园丁；社区打破封闭的藩篱，化作支持幼儿学习的生态廊道。当每个成年人都成为幼儿生命网络中的一个活性节点，教育便回归了最本真的样态——一场万物互联的生命共舞。

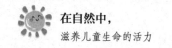

（一）家长与教师并肩耕作

正如陈鹤琴先生所说，幼儿教育是一种很复杂的事情，不是家庭一方面可以单独胜任的，也不是幼儿园一方面可以单独胜任的；必定两方面共同合作才能得到充分的功效。我们也不断在实践研究的过程中积极寻求家长的支持。

我园的家长普遍具备高学历，在幼儿的教育上，他们尤为重视知识与技能的培养。然而，我们深知，教育不仅仅是知识的灌输，更是情感、态度与价值观的塑造。为了实现这一目标，我们通过各种举措，带着家长一起走进自然。

1. 亲身参与自然体验

（1）参与远足体验

我们邀请家长作为志愿者加入我们的远足活动，与教师一同陪伴幼儿前往幼儿园附近的草坪或公园。在前往远足地点的途中，家长协助教师确保每个幼儿都能安全行走，并加入幼儿的探索中。例如，一起寻找不同种类的树叶或是倾听鸟儿的歌唱。远足活动让家长见证了幼儿对大自然的好奇心和兴奋，他们看到幼儿如何在自然界中学习和成长。这不仅让家长深刻理解到自然环境对幼儿成长的重要性，也让他们感受到与幼儿一同成长的乐趣。

一位家长分享道："我平时工作非常忙，基本没时间陪孩子。这次正好有空，我就参与了幼儿园的远足活动。在这个过程中我发现，原来小班的孩子已经很爱提问题了，而且老师也很有耐心。在路上有孩子发现了一只蝴蝶，他们对蝴蝶产生了浓厚的兴趣，于是问了许多关于蝴蝶的问题，这些问题有的听起来有些幼稚，但是仔细一听还挺有哲理的。而老师则耐心解答每一个问题，丝毫没有不耐烦。这个简单的互动让我看到老师的耐心，更让我发现应该多带孩子出去接触自然。因为自然是最好的课堂，它能够激发孩子的好奇心和学习欲望。"

除此之外，我们也会结合风筝节等节日开展一些远足活动，我们邀请家长与幼儿一同深入探索风筝的世界，从了解风筝背后丰富的历史和文化故事开始，到学习如何巧手制作属于自己的风筝，每一步都是一次新的发现。在公园的草坪上，家长和幼儿一起放飞自己制作的风筝。这不仅是对动手能力的锻炼，更是一次团队合作的考验。风筝在空中舞动的每一刻，都是幼儿自信成长的见证。

通过各类远足活动，家长不仅帮助幼儿接触和了解自然，还亲身体验到了与幼儿一同成长的快乐。他们学会了如何引导幼儿去观察、思考和爱护自然，同时也为自己的身心找到了一片宁静和放松的空间。

图 4-31　远足活动

（2）家长开展自然课堂

我们积极倡导并实践"家校共育"的理念，通过借助家长的强项或从事的工作，开展种类多样的、充满趣味的自然课堂活动。这些活动不仅让幼儿能够在实践中学习，还为家长提供了与幼儿共享宝贵时光的机会。

以水母进课堂为例。有位家长是海洋大学的教师，为了让幼儿更好地了解海洋生物，她决定将实验室的水母带到班级中，为幼儿提供一个难得的机会去近距离观察这些神秘的生物。

当水母被放置在透明的容器中，幼儿立刻被它们的美丽所吸引。水母的身体呈现出柔和的透明色，它们的触手随着水流轻轻摆动，仿佛在水中舞蹈。幼儿围在容器周围，目不转睛地观察着水母的每一个动作。

这位家长向幼儿介绍了水母的基本特征和生活习性。她解释了水母是如何通过收缩和舒张身体来游动的，以及它们如何通过触手上的刺细胞捕捉猎物。她还向幼儿展示了水母的消化系统和神经系统，让他们了解到水母虽然结构简单，但却拥有独特的生存能力。

除了观察和讲解，这位家长还组织了一些互动活动，让幼儿更深入地了解水母。她准备了显微镜和一些水母切片，让幼儿亲自观察水母的组织和细胞结

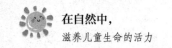

构。幼儿兴奋地使用显微镜,发现了水母身上的微小细节,他们对水母的构造和功能有了更清晰的认识。

家长进课堂的活动内容丰富多彩,包括观察动物、了解节日传统、制作美食以及种植等,活动场所既有室内也有户外。这些活动也为家长提供了一个观察和了解幼儿在学校学习情况的宝贵机会。在共同参与的过程中,家长可以更直观地感受到幼儿的成长和变化,从而更好地支持幼儿的学习和成长。

（3）家委参与自然角评选

我们还邀请各级家委参与幼儿园内自然角的观摩和评比活动中,目的是加深家长对幼儿园所倡导的一种教育理念的理解。通过观察和评价各个班级自然角的布置情况以及教师的介绍,家委更深入地了解幼儿园的教育方式和培养目标,从而更有效地支持和配合幼儿园的工作。

受到参与自然角评比的启发,家委意识到自然角对幼儿全面发展的重要性,因此在家长群里宣传幼儿园自然角创设的理念,于是很多家长纷纷主动加入幼儿园自然角的布置工作中。他们不仅提供了各种创意和建议,还亲自动手,为幼儿打造了一个充满生机和活力的自然角。让我们的自然角不仅有各种各样的植物和花卉,还有小动物和昆虫模型,让幼儿能够近距离地接触大自然,感受大自然的魅力。这种共同参与不仅拉近了家长与幼儿园之间的距离,也为幼儿提供了一个更加美好、更加丰富多彩的成长空间。

此外,我们也在原有课程模式的基础上不断进行创新实践,尝试通过春秋游活动的课程化、自然体验日的探索以及"小水滴俱乐部"等活动,不断实现我园特色课程的向内生长和向外延展。

2.春秋游活动课程化

以往,我园的春秋游活动单纯是社会实践活动,而从2019年开始则结合户外自然体验活动的课程,将春游活动也作为课程实施的重要内容。经过前期的精心设计,提升春秋游活动的教育性和体验性,真正发挥实践活动对幼儿发展的重要价值。

比如,2019年,我园结合小班"动物花花衣"主题活动及中大班"在动物园里""动物大世界"等主题课程活动，特别将小班的春游地点定在了茉莉动物园，将中大班幼儿的春游地点定在了野生动物园。同时，我们为不同年龄段幼儿设计了不同的活动方案。比如，我们特别对小班春游地点进行踩点，并结合动物园实际动物种类为小班幼儿制作了"动物园护照"，鼓励亲子有针对性地开展游园活动，支持家长在春游活动中实现高质量陪伴。而针对大班幼儿，教师分别设计了"小小探险家""小小研究员""小小记者团"的活动，结合大班幼儿的年龄特点和能力发展水平设计了小组合作活动（见表4-8），鼓励大班幼儿根据自己的活动兴趣与同伴结伴开展社会实践活动，有目的地进行观摩活动，将社会实践活动作为项目化活动的一部分，在拓展主题课程活动经验的同时，尝试引领幼儿进行深度学习与探索。

表4-8　2019年大班亲子实践活动内容

活动名称	活动内容及形式	活动准备	负责班级
小小探险家	1. 以小组为单位，在教室里制订游玩的路线图，并以小组和动物合照的形式进行打卡，并比比哪个小组的完成度更高，与动物的合照更多 2. 到了幼儿园，以小组为单位，介绍自己的路线和合照动物，并分享经验 3. 班级创设与动物的合照墙	1. 分组 2. 设计路线图 3. 班级动物合照展示墙	大一班 大二班
小小研究员	1. 以小组为单位，在教室里商量好选择一种或者两种动物进行重点了解，可以从动物的习性、饮食、作息等各方面进行了解并做记录（图画、照片、文字都可，每个组动物不同） 2. 到了幼儿园，以小组为单位制作小报进行分享和环境展示	1. 分组 2. 选定动物 3. 设计一张"动物研究表" 4. 教室小报展示墙	大三班 大四班
小小记者团	1. 以小组为单位，成立一个记者团，商定每个人的职责，如采访、记录、拍照等 2. 在教室提前商定采访的对象（游客、饲养员、打扫人员、表演人员都可，最好每个组采访对象不一样） 3. 在游园当天进行采访时，请家长做摄影师 4. 回园后在班级里进行视频分享，展示采访过程和成果 5. 小组制作小报张贴在教室进行分享	1. 分组 2. 选定采访对象 3. 教室小报展示墙	大五班 大六班

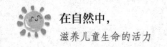

之后，我们同样将春游活动与探索"春天"的自然体验课程活动相结合。

图 4-32　幼儿在春秋游活动中体验自然

春秋游结束后，我们还会组织幼儿进行分享和介绍，将社会实践过程中获得的感知体验转化为已有经验，在后续的课程活动中不断开展延续、深入的探索。真正激活幼儿在自然体验活动开展过程中的主动性，促进幼儿在活动中的深度学习与发展。

3. 自然体验日

随着自然体验活动的大量实践，教师提出园内的资源还不够丰富，而原来仅仅利用运动时间段开展的远足活动时间太短，我们开始大胆探索"自然体验日"的活动，鼓励教师利用家长和社区资源，可以在园外开展半日或全日的户外课程活动。让幼儿能够有机会沉浸在大自然中，自然而然地进行学习与游戏。

在家长和教师的精心策划下，幼儿每个月有半天时间完全在户外开展的自然体验日，幼儿可以在教师和家长的陪伴下徜徉在周围社区绿地的蓝天白云下，奔跑在绿地树林间，在更广阔的空间获得多元、丰富的活动体验。

图 4-33　自制小帐篷

4. 小水滴俱乐部

在园所积极投身于市级重点家教课题研究与实践的进程中，一种独具特色的"小水滴俱乐部"家校社合作模式如幼苗般破土而出且茁壮成长。这一俱乐部活动秉持着家长主导设计、策划的原则，活动内容紧密围绕幼儿成长历程中那些熠熠生辉的季节更迭、意义非凡的节日庆典、启智增慧的主题活动以及引人入胜的热点话题精心打造。教师深度参与活动设计的各个环节，为活动注入科学性与合理性的灵魂。如此一来，即便是在节假日这样特殊的时光里，也能看到幼儿在教师的悉心陪伴、家长的亲情守护下，如同欢快的小鸟般投身于大自然的怀抱。

他们会走进那片金黄的稻田，在沉甸甸的稻穗间穿梭，小手轻轻抚摸着饱满的谷粒，感受着收获的喜悦。家长和幼儿一起参与收割，用简单的工具示范如何正确地收割稻谷，幼儿学得有模有样，脸上洋溢着自豪的笑容。

在红薯地里，幼儿更是兴奋不已。他们迫不及待地拿起小铲子，模仿着农民伯伯的动作开始挖掘。红薯被挖出来的那一刻，幼儿发出阵阵欢呼，仿佛挖到了宝藏一般。家长和幼儿一起分享挖红薯的小技巧，比如怎样判断红薯的大小和位置，怎样轻松地将它挖出来。

通过这些丰富多彩的活动，幼儿不仅仅收获了珍贵的童年回忆，更在实践体验中得到了成长和感悟。他们学会了热爱劳动，懂得了珍惜粮食，也在与大

图 4-34　丰富多彩的小水滴俱乐部活动

自然的亲密接触中，培养了对生活的热爱和对未知世界的好奇心。

通过家校社协作，我们正不断实现让幼儿在大自然的润泽下灵动成长的教育愿景！

案例：　　　**一场多方合力的毕业典礼**

对于即将跨入人生新阶段的幼儿而言，毕业典礼不仅是一个仪式，更是他们成长旅程中的一个重要里程碑。这个时刻意义非凡，不仅标志着一段学习生活的结束，也预示着未来无限可能的开始。为了让这个关键时刻变得更加难忘和有意义，我强烈建议教师深入了解并尊重幼儿的愿望和想法。

通过与幼儿的深入交流，教师了解到幼儿对毕业典礼有着各种各样的期待和想法；有的幼儿希望能在幼儿园里度过一个难忘的夜晚，体验夜宿的新鲜感；有的则梦想在户外公园举办一场篝火晚会，感受大自然的魅力；有的幼儿希望可以和好朋友一起在外面野餐，有的幼儿希望可以到一个开满鲜花的地方，比如鲜花港，在那里不仅可以欣赏美丽的花朵，还可以划船；还有的幼儿说想要邀请小丑在毕业典礼上为大家表演；……

这些想法充满了童真和创意，展现了幼儿对探索自然的愿望，更展现了他们对毕业典礼的独特见解。作为教育者，我们深感责任重大，不仅要满足他们的愿望，更要为他们营造一个温馨、难忘的毕业典礼氛围。

为了实现幼儿的愿望，教师不仅仔细倾听了他们的建议，还鼓励幼儿积极参与毕业典礼的筹划，让他们自己投票决定活动的主题，还包括毕业典礼的具体组织细节，比如场地选择、邀请函的制作以及各种材料的准备等。

2023年6月，大九班的幼儿萌生了一个想法，他们想要举办一场别开生面

图4-35　幼儿对毕业典礼的设想

的篝火晚会。要成功举办一次篝火晚会，需要做哪些准备工作呢？大九班的教师组织幼儿进行分组讨论，通过讨论，幼儿了解到，要举办篝火晚会，最重要的就是确定合适的地点。那么，什么样的地方才适合举办篝火晚会呢？理想的地点应该具备哪些条件呢？这涉及很多需要考虑的因素。

为了得到更多的建议和帮助，幼儿纷纷回家向家长征求意见。最终，家委会在书院人家找到了一个完美的地方。这个地方不仅允许举行篝火晚会，而且还能提供足够的空间和设施，让毕业典礼得以顺利进行。

图 4-36　大九班开展的篝火晚会毕业典礼

毕业典礼不仅仅是一场盛大的庆祝活动，标志着幼儿即将跨入人生的新阶段，更是一个充满感恩的时刻。在策划毕业典礼时，幼儿都希望能邀请一些重要的人共同见证这一时刻。那么，如何才能诚挚地邀请他们参加自己的毕业典礼呢？大四班的幼儿经过讨论，决定亲手制作邀请函，将这些充满心意的邀请函亲手交给那些他们想要邀请的人，用最真诚的方式表达他们的邀请。

幼儿亲手策划并打造的一场场充满自然探索的毕业典礼，不仅让幼儿沉醉其中，留下了难以忘怀的回忆，更让家长深刻感受到幼儿的无限潜力。这些独特的毕业典礼，从心底里激发了家长对幼儿力量的坚定信念。

看到幼儿自己组织的毕业典礼，大一班一位家长不禁发出感叹："在策划这场毕业典礼的过程中，我家的孩子每天都兴奋不已，甚至自诩为小导演。她对

图 4-37　幼儿自制的邀请函

图 4-38　幼儿亲手去送邀请函

于每一个细节都充满了热情，从主题的筛选到材料的采购，遇到不懂的问题都会主动向我们家长寻求帮助。这是我首次见证她对一件事情如此投入，并且我注意到，在策划过程中，她变得更加善于思考和解决问题了。衷心感谢各位老师的辛勤付出和悉心指导，为孩子们留下了难忘的美好回忆。"

大四班的一位家长说："我发现这次毕业典礼的策划，我们家孩子一下子长大了。他不再是那个需要被照顾和引导的对象，更是拥有独特思考和创造能力的小个体。他能够用自己的方式去探索世界，去解决问题，去创造美好的事物。"

幼儿自己打造的毕业典礼，还让家长了解到幼儿的内心世界和兴趣爱好。他们通过参与幼儿的活动发现，原来幼儿在自然中展现出的好奇心、探索精神

图 4-39　多姿多彩的毕业典礼

和创造力，正是他们成长中不可或缺的品质。这种了解和认同，让家长更加支持和鼓励幼儿去追求自己的梦想。

（案例提供者：潘倩雯）

（二）打造五公里社区资源圈

临港地区是一个教育资源丰富的宝地，在方圆五公里内，不仅有美丽的自然公园、充满海洋生物的海昌海洋公园、展示航海历史的航海博物馆，还有多所知名的大学。这些丰富的教育资源为我们的教育活动提供了宝贵的素材和灵感。

在不断实践、反思并梳理总结后，如今我们已构建起一套完整的园外自然体验活动资源体系。它由 1 个核心中心、3 大功能场馆、4 大农业合作社、5 所高校资源以及 6 大特色实践园区共同组成。这些园外的实践基地仿若强劲有力的心脏，源源不断地为幼儿探索自然的旅程输送活力与养分，滋润着他们内心深处对自然奥秘的好奇与渴望，助力每一个幼儿在自然的怀抱中尽情释放潜能，绽放出属于自己的璀璨光芒。

表 4-9　园外实践活动基地

1 个中心	滴水湖生态中心
3 大场馆	中国航海博物馆
	上海海昌海洋公园
	上海天文馆
4 大农业合作社	海沈村村委
	塘北村村委
	上海辛江农业专业技术合作
	上海红刚青扁豆生产专业合作社
5 所大学	上海电力大学
	上海海洋大学
	上海海事大学
	上海建桥学院
	上海电机学院
6 大特色实践园区	临港洋流公园
	上海临港海绵城市展示中心
	上海滨海森林公园
	临港城市公园
	星空之镜海绵城市公园
	春花秋色城市公园

案例 1：　社区参与儿童自然体验场所的讨论与建设

　　关于自然体验乐园的儿童议事活动结束后，我们还尝试携手教师代表、家长代表以及社区代表、妇联主席，共同就幼儿的需求展开进一步的讨论，力求融合多方资源来满足幼儿的想法。而我园副园长，同时也是南汇新城镇人大代表——邹悦老师，将幼儿的想法带到了镇人大的会议上，并得到了采纳的批复。

图 4-40　关于儿童自然体验场地建设的讨论

对南汇新城镇三届人大六次会议
第 2024-11 号代表建议的答复

邹悦代表：

您提出的《关于增加儿童自然体验场所的建议》收悉，根据镇区域发展办公室、社区建设和社会事业发展办公室、申港社区、芦潮港社区、顶科社区、环湖社区等相关会办单位排摸辖区内现有儿童自然体验场所及计划新建情况，经研究，现将办理情况答复如下：

目前，南汇新城镇的儿童自然体验场所正在逐步完善，如滴水湖公园儿童乐园、芦潮港公园、星空之境海绵公园、欧景公服宝宝屋以及各居委的植物科普田园等；并计划新建芦潮港社区宝宝屋、临港少年官阳光花园（暂命名）、宜浩佳园三居委空中花园等儿童自然体验项目。

滴水湖公园儿童乐园位于滴水湖正南方环湖景观带 D 区，依湖傍海。儿童乐园不仅有 79 款游乐活动设施，同时，还设有儿童体验学习区域，儿童可充分观赏了解景观带内的绿色植物及滴水湖各类生态植物。

顶科社区滴水湖馨苑三居委科普田园基地位于白薇路 33 弄 68 号，于今年 9 月 28 日开园，该田园不仅邀请专业农艺师为亲子家庭开展植物种植技巧科普与实践，更为孩子们提供了长期体验和实践的种植箱房。

申港社区宜浩欧景一居委开展小小规划师自治活动，带领儿童在社区种植绿植、体验劳动、美化社区，儿童对种植的植物包干负责，定期浇水、观察记录生长态势。

针对目前我镇的儿童体验场所偏向被动体验较多的弊病，为更加激发儿童主动参与、主动观察的积极性，下一步我们将联合各会办单位及区域内的高校、研究机构等加大对儿童动植物种植及喂养体验的场所建设，已有计划包括临港少年宫的海洋生物喂养及箱房植物种植体验、宜浩佳园三居委空中花园等项目。

感谢您对南汇新城镇儿童友好工作的关心、理解和支持！在今后的工作中，我们将积极借鉴并采纳各方建议，持续着力儿童友好城区建设，助力儿童在新城健康成长、快乐生活。

上海市浦东新区南汇新城镇人民政府

2024 年 10 月 21 日

案例 2： 基于社区资源开展的水母主题探索活动

一、活动缘起

近期，我们在开展"动物大世界"主题活动。在活动中，幼儿对于海洋动物都有极大的兴趣，幼儿的生活经验也很丰富，因为幼儿园周边有海昌海洋公园，每个幼儿都去游玩过，能够对自己的游玩经历津津乐道，对海洋动物有较多的认识，班级中个别家长是海洋大学和海事大学的教师，也增加了幼儿这方面的经验。所以基于幼儿的兴趣、家长资源和丰富的周边社区资源，教师支持幼儿生成了这样的一个活动。在与幼儿的谈话中，了解到幼儿对于美丽的水母尤为感兴趣，于是我们在主题活动中开展了以水母为主题的班本化活动。

二、活动开展

● 关于水母，我想了解：

琪琪："水母能活多少岁？能活 100 岁吗？"

琛琛："水母自身能发光吗？"

佳佳："水母的哪里有毒？"

顾顾："水母有多少种啊？"

图 4-41　关于水母的问题

....

● 调查 ing

关于水母，幼儿有很多的问题，提出了那么多的疑问，我们怎么解答呢？
于是根据幼儿的问题我们制作了一份水母调查表，幼儿通过图书、视频等方式
来调查和收集相关信息。

图 4-42　幼儿正在搜集关于水母的信息

瞧，幼儿的调查都非常认真，在班级里能和同伴交流自己的发现、观点和
结果等。

● 调查汇总中的矛盾

最后我们进行了调查汇总，有些调查达成了一致，比如可以吃的水母就是
海蜇。但是也有一些调查产生了矛盾，比如关于水母是否有毒，有的幼儿认为
是有毒的，有的幼儿认为没有毒。

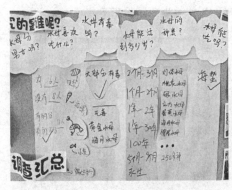

图 4-43　幼儿的调查汇总　　　　图 4-44　海昌海洋公园专业人士进课堂

● 海昌海洋公园进课堂

于是我们求助了共建单位海昌海洋公园的专业人士仝老师，仝老师带着活体水母来到了我们的课堂，为幼儿科普了专业的水母知识，还给幼儿一对一解答。幼儿兴奋地观察活体水母，近距离观察到了不同水母的形态。

图 4-45　幼儿在设计海洋环保小报

活动开展时正值世界地球日活动，每个班级有一个环保小主题宣传，我问幼儿想宣传什么，怎么宣传。他们就想到了制作一份海洋环保小海报。于是幼儿分工合作，制作了几份海报，来到小班进行宣传。同时提高自我保护意识：不能触碰，水母触手有毒，积累自我保护的经验。

图 4-46　幼儿拿着小报宣传

● 水母时装秀

在开展子主题活动"学来的本领"中，幼儿从很多动物身上学到了仿生学知识。那么我们从水母身上能学到什么呢？幼儿说到做像水母一样漂亮的衣服，在讨论的过程中，幼儿的兴趣越来越大。于是，教师决定支持幼儿策划一场属于他们的水母时装秀。

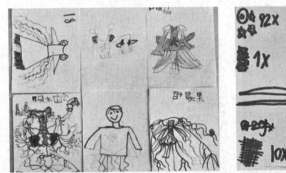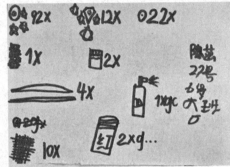

图 4-47　水母时装设计图

水母服装有什么样的特征呢？幼儿说漂亮、透明、一条条的，等等。幼儿自己尝试做一个小小设计师，绘画设计出自己心目中的水母服装装扮自己。幼儿的设计稿都非常独特有创意，能用自己熟悉的绘画和符号进行表现，有些细致的小朋友还能把自己需要的一些材料罗列出来。

设计制作了那么漂亮的服装，谁来看呢？幼儿想到平时生日会制作邀请函邀请别人来参加活动，于是他们想到设计一张水母时装秀的邀请函，制作完成后送给了他们想邀请的人。水母时装秀在班级如期举行，获得了教师和其他小朋友们的热烈掌声和好评。

图 4-48　邀请教师参加水母时装秀　　　图 4-49　班级里的水母时装秀

图 4-50　教师为幼儿提供更大的表演舞台

● 回顾与反思

幼儿在活动中学习到了很多知识，家长也有很多话想说。辰辰妈妈说："以前去海洋馆看到水母，孩子只会说：哇，好漂亮的水母！没有更多的研究。通过这次水母主题活动，家长和孩子在一起查阅资料，过程中了解了很多水母的知识。还有有意思的服装秀，孩子自己做设计师，爸爸妈妈辅助完成，激发了孩子们的想象力，也给孩子们一次展示自己的机会。"然然妈妈说："在这次活动中孩子非常有自己的想法，这一系列的活动培养了孩子了解和探索海洋的兴趣，对激发孩子热爱海洋、培养保护环境的意识很有帮助。"

在活动中，幼儿愿意去发现问题，去探索解决问题，对未知事物都是好奇的。幼儿不仅提高了解决问题的能力，也感受了合作探讨问题的快乐，在艺术活动中能大胆表达表现。

（案例提供者：庄秋红）

在案例中，我们不难发现，在社区优质资源的支持下，幼儿的活动兴趣被不断激发和催化。教师也巧妙地利用各种机会和平台为幼儿提供展现自我的空间。因此，充分整合家庭、社区的优质资源丰富幼儿的活动经历和体验，是不可或缺的重要教育手段。

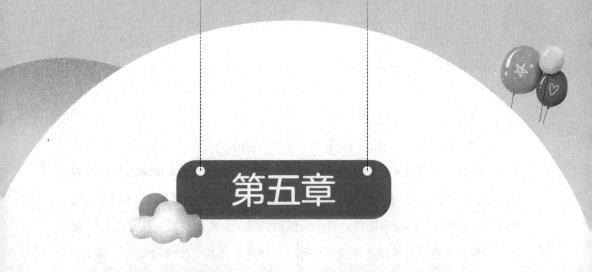

第五章

我们都在自然中得到滋养

在 15 年的办园历程中，回顾往昔，从零开始逐步走向"一园四部"的发展历程，宛如一幅绚丽多彩的画卷徐徐展开，每一页都镌刻着对学前教育的执着与探索。幼儿园始终坚守"在自然中，滋养儿童生命的活力"这一教育理念，秉持"滴水穿石"的做事精神，在大自然的场域中，用心营造一种"自主""包容"的教育氛围。正是在这样教育环境与氛围中，幼儿、教师和家长，都在不知不觉中得到了滋养。这种滋养，不仅仅是知识的积累和技能的提升，更是心灵的丰盈和精神的成长。每一个人都在这个过程中，找到了自己存在的价值和意义，仿佛拼图的每一块都找到了最合适的位置。他们共同构建了一个充满活力与希望的教育生态，这个生态系统就像一片肥沃的土壤，孕育着无数的可能和希望，让每一个生命都能在这里绽放出属于自己的光彩。

一、幼儿：看见自然生长的力量

（一）细微探寻 初见幼儿成长端倪

在这片充满爱与自由的环境的滋养下，幼儿如同幼苗般茁壮成长，其发展足迹悄然间在点滴细微之处留下印记。教师和家长在日常的陪伴与引导中，留意到幼儿对世界的好奇与探索。他们眼中闪烁的光芒、提出的问题、展现出的兴趣，都是发展的信号。

2023 年，区级课题《生态学视野下幼儿园户外自然体验活动的实践研究》接近尾声，课题通过深入访谈家长与教师，细致剖析了幼儿在这段旅程中的成长轨迹。借助 NVivo 质性分析软件这一强大工具，对访谈内容进行了系统编码与梳理。令人欣喜的是，一次次户外自然体验活动不仅丰富了幼儿的生活，更在细微之处见证了他们学习品质的提升、社会交往能力的增强以及其他诸多方面的显著进步。这些宝贵的发现，正是在课题研究中所追寻的儿童发展印记的生动体现。

表 5-1 中的内容详尽地记录了幼儿在教师引导下，如何主动观察班级认领的梨树、积极为梨树驱虫，在反复观察中不断向教师提问，以及遇到困难时主动与同伴协商合作等典型案例。这些案例初步展现了幼儿在学习品质、社会交往能力等方面的成长迹象。

表 5-1　户外自然体验活动对幼儿发展价值的质性分析情况表（教师访谈）

核心节点	参考点数	占参考点数百分比	树状节点	参考点数	典型案例
学习品质	31	50.00%	主动性	9	自从我们班认领了一棵梨树，幼儿就开始满怀期待地看着梨树开花结果，并主动观察它。当发现叶子卷曲、果子有损坏时，他们积极主动地承担起为梨树驱虫的责任
			好奇心与兴趣	7	每次散步活动，幼儿总会用小眼睛去仔细观察角角落落，他们每次都有不一样的发现，他们还会向教师提出各种各样的问题
			坚持与专注	6	在松土活动前，教师和幼儿一起讨论泥土下的秘密，并阅读了绘本《地底下的秘密》。随后，教师提问幼儿园种植园泥土下可能有什么，鼓励幼儿实地探索。幼儿带着问题和好奇心，边挖边交流，专注地参与到松土活动中，展现出坚持与专注的学习品质
			反思与解释	5	第一次调查萝卜的时候，幼儿发现看不清记录的内容，无法清晰地完成萝卜品种的统计。于是教师组织幼儿在第一次统计的基础上，改进统计的调查表。经过商量、设计，幼儿设计了一张升级版的调查表，表格中的内容非常简单，一行是班级，另一行空白，幼儿在空白处记录各班种植萝卜的情况。第二次调查的时候，幼儿用简单的线条和图形记录自己的调查结果，并且发现 8 个班级中，有的班级种植了白萝卜；有的班级种植了胡萝卜；还有的班级种植了樱桃萝卜
			想象与创造	4	幼儿用自己捡的无患子、泥巴、树叶、树枝、果子等各种自然材料进行创造，有的制作成了花环，有的作为蛋糕的点缀。幼儿在创造的过程中大胆地想象

续表

核心节点	参考点数	占参考点数百分比	树状节点	参考点数	典型案例
社会交往能力	15	24.19%	交往主动性	6	新转学的小 D 总是一个人玩，这一天他看到地上的一只小虫子，蹲下来仔细观察。然后，他兴奋地召唤旁边的小朋友围过来，指着小虫子说这是鼻涕虫，还分享了自己曾在绘本上看到的关于鼻涕虫的知识，并建议大家一起为鼻涕虫找家
			协商合作能力	5	幼儿在为鸭子搭窝的时候，他们先讨论位置和材料，最终在商讨之下一致决定在大树下搭窝，因其阴凉且附近有软干草。接着他们开始分工收集材料，有的捡干草，有的找树枝。在这种协商合作的过程中，鸭窝终于完成了
			亲社会行为	4	通过照顾小动物，幼儿能够学习如何关心和爱护生命，增强对生命的尊重和敬畏感。这种责任感和爱心的培养对于幼儿的成长和社会的发展都具有积极的影响
积累认知经验	11	17.74%	了解植物特征及生长过程	5	在小菜园中的种植活动中，幼儿参与简单的种植活动，了解各种各样的萝卜，观察萝卜各种各样的叶子。同时他们还能知道萝卜的生长过程，并认识到植物对土壤和水源的依赖
			了解动物特征与习性	4	幼儿观察小蝌蚪变青蛙的过程，通过观察蝌蚪的变化，幼儿了解到生物演化的基本原理
			了解节气文化	2	通过"立冬腌鱼"体验活动，幼儿第一次了解秋收冬藏的节气活动，亲手参与了腌鱼的体验活动，还尝试了非遗文化"鱼拓"
动手能力	5	8.06%	动手能力	4	在移植向日葵的时候，小 A 起初由于手法生疏，把第一棵向日葵的根弄断了，他有些气馁。后来教师鼓励他再次尝试，这一次他掌握好了力度和深度，将向日葵苗稳稳地种在了盆里。在这个过程中，他的动手能力得到了提升
合计	62	100%			

表 5-2 中的家长访谈典型案例，也从多个方面印证了幼儿的成长，包括他们在活动中是否能主动观察树叶的不同、是否提出各种问题、是否学会团队合作等，进一步证实了幼儿在学习品质和社会交往能力方面的提升。尤其值得一提的是，家长反映：通过自然体验活动，亲子关系变得更加紧密和亲切。

表 5-2　户外自然体验活动对幼儿发展价值的质性分析情况表（家长访谈）

核心节点	参考点数	占参考点数百分比	树状节点	参考点数	典型案例
学习品质	33	33.33%	主动性	2	我看到了孩子在体验活动中能够遵守秩序，能够坚持自己走，能够自己主动去观察和发现树叶的不同之处，并根据任务卡的要求，主动地去完成上面的任务
			好奇心与兴趣	11	孩子体验的过程中一直在观察，比如，看看花瓣的颜色呀，闻着那个花香，有的时候会说"哇这个花好香啊！"而且在活动中可以满足幼儿的好奇心，"小蚂蚁长什么样""小蜗牛吃什么""小螃蟹生活在哪里"……在活动中会问各种各样奇奇怪怪的问题
			专注与专注	4	小芒果在以前的学校时，老师总说他注意力不集中，我和他爸爸也是很头疼。但是自从在我们学校接触了自然体验活动之后，我发现他观察小蜘蛛结网能看很久，还不停地向我们提问
			反思与解释	14	我会在家里种一些花草，以前孩子是从来不关心这些的，但是最近一次他居然跟我说："妈妈，这个植物需要浇水了，因为旁边的土都变颜色了，说明它已经太干了。"一个以前从来不关心植物的孩子，居然根据土的颜色变化来推断它需要浇水了，这个变化让我很是惊奇
			想象与创造力	2	从一花一木中认识大千世界的奇妙，感受自然的鬼斧神工，最纯粹的精神盛宴尽收眼底，对孩子们的认知、创造以及想象力都有很大的影响。有一次出去，朵朵指着天上的云朵跟我说："妈妈，这个云朵像小猫，这个云朵像一条龙，这个云朵如果再加两只长耳朵，就像一只小兔子……"

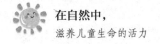

续表

核心 节点	参考 点数	占参考 点数百 分比	树状 节点	参考 点数	典型案例
社会 交往 能力	9	9.09%	社会 交往	9	印象比较深刻的是我和孩子爸爸带孩子参加过一次插秧活动，孩子顶着炎热的太阳，走在泥里，一点一点把秧苗插在泥地里，体验粮食来之不易。而后用米粉一步一步制作米糕，制作完成后品尝，更觉香甜。劳作之后开始生火准备烧烤，跟其他家庭共用一个烤炉，一起共进烧烤晚餐。这次活动下来孩子不仅知道要珍惜粮食，更是在活动中主动与其他小朋友协商如何分工，如何制作
	9	9.09%	亲社会 行为	9	通过户外自然体验活动，孩子可以亲身感受大自然的美丽和神奇，认识到人类与自然的关系，培养他们保护环境、珍惜资源的意识。此外，孩子还可以学会如何与动植物和谐共处，培养他们的生态素养
认知 方面	16	16.16%	积累认 知经验	14	在自然体验活动中，小朋友不仅仅局限于学校和课堂，能走出去看到更广的世界，看到季节的变化，能体验和感受不同的动物、植物
			语言表 达能力	2	我们七七语言发展迟缓，但是在观察地面上搬食的蚂蚁队、雨后的蚯蚓和小蜗牛等，总会不自觉地迸发出一些以前他不太说的词汇。这让我们很是惊喜。我觉得这种直接的经验，更加能让幼儿感知到时间、四季、生命这样抽象的概念是什么，所以能够丰富孩子的语言词汇
健康 方面	27	27.27%	有助 睡眠	1	还有一方面，孩子经常接触自然，这也是一个慢的运动，释放精力，白天接受了足够的阳光，晚上也会相对容易入睡
			强健 体质	12	小汤圆在参加很多的户外自然体验活动后，身体好像更好了，生病也比较少了
			保护 视力	4	我们家孩子的眼睛之前做过手术，一直戴眼镜的，经常去户外对视力确实有促进作用
			良好 情绪	10	其实我觉得主要是放松孩子的一个心态，因为无论在幼儿园或在家，他还是处于一个比较小的环境。但是在自然体验活动中，孩子接触了更大的自然空间，无论是接触植物，还有特别是天气好的那个阳光，其实是对人的心情，还有对小孩子发育其实特别有好处的

续表

核心节点	参考点数	占参考点数百分比	树状节点	参考点数	典型案例
亲子关系	5	5.05%	亲子关系	5	我们爸爸平时比较忙，但是在陪伴孩子参与自然体验过程中，我们发现孩子变得更黏着爸爸了
合计	99	100%			

（二）科学洞察　再觅幼儿成长踪迹

正如前面教师访谈和家长访谈所显示的，借助学习品质观察量表，再次证实了幼儿在学习品质方面的成长。为进一步探索自然体验活动对幼儿学习品质的影响，基于《儿童学习品质观察评定表》[①]和《学习品质领域测查量表》(李季湄、鄢超云，2008)，并结合教师访谈多方论证，编制了《幼儿自然体验活动中坚持与专注学习品质观察评定表》以及《自然体验活动中幼儿学习品质观察评定表》。分别于 2022 年 12 月和 2023 年 12 月两个时间段，从 4 个大班随机抽取 5 名幼儿进行观察，并根据观察到的数据进行前后对比。

表 5-3 中配对样本 T 检验结果显示，自然体验活动对幼儿在学习品质的多个维度上有显著影响。具体而言，在坚持与专注、主动性、好奇心与兴趣以及想象与创造这几个维度上，自然体验活动产生了显著的影响作用。这一结果进一步证实了前面教师与家长访谈中提到的，自然体验活动能促进幼儿学习品质的发展。然而，对于反思与解释这两个维度的学习品质，未发现自然体验活动对其有显著的影响作用，这也提示在后续的活动中需要加强关注。

除此之外，结合幼儿保健数据，了解到户外自然体验活动对于近视的改善以及对个别特殊幼儿健康发展的促进作用。家长和教师认为户外自然体验活动

[①] 王宝华，冯晓霞，肖树娟，等.家庭社会经济地位与儿童学习品质及入学认知准备之间的关系 [J].学前教育研究，2010（4）：7.

表 5-3　自然体验活动中幼儿学习品质配对样本检验

		配对差值						t	自由度	Sig.（双尾）
		平均值	标准偏差	标准误差平均值	差值 95% 置信区间					
					下限	上限				
配对 1	坚持与专注（前测）—坚持与专注（后测）	-1.615	1.444	.231	-2.083	-1.147	-6.986	38	.000
配对 2	主动性（前测）—主动性（后测）	-2.897	1.832	.293	-3.491	-2.303	-9.875	38	.000
配对 3	好奇心与兴趣（前测）—好奇心与兴趣（后测）	-4.513	1.876	.300	-5.121	-3.905	-15.022	38	.000
配对 4	想象与创造（前测）—想象与创造（后测）	-.615	1.711	.274	-1.170	-.061	-2.246	38	.031
配对 5	反思（前测）—反思（后测）	-.282	1.638	.262	-.813	.249	-1.076	38	.289
配对 6	解释（前测）—解释（后测）	-.282	2.114	.339	-.967	.403	-.833	38	.410

能有效地保护幼儿的视力，而保健的数据也进一步证实了这一点。从图 5-1 可以发现，自 2019 学年本课题立项以来，全园幼儿从原来有 5.02% 的视力异常，到这个学期的 4.17%。中间因为疫情，有两个学期是宅家活动，宅家让视力异常幼儿比例一下子从原来的 4.08% 提高到 5.54%。由此可见，两小时的户外自然体验活动对保护幼儿视力加了一层保障。

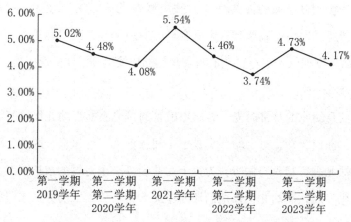

图 5-1　2019 学年—2023 学年滴幼幼儿视力异常率

二、教师：自然教育者的多重修炼

在教育的浩瀚星空中，每一位教师都犹如一颗璀璨的星辰，各自散发着独特而耀眼的光芒。他们怀揣着无尽的教育智慧，宛如一座座等待挖掘的宝藏。园所负责人是点燃火种的使者，用心唤醒全园教师内心深处对教育的炽热情感，引领他们重拾最初的教育梦想与初心。当这股热情被重新点燃，教师便仿佛获得了全新的生命活力，他们开始自由挥洒自己的教育智慧，春风化雨，滋润着每一个幼儿幼小的心灵。在这个过程中，教师的儿童观、课程观以及教育观都在潜移默化中发生着深刻的转变，逐渐汇聚成一股推动我园教育质量进步的强大力量。

（一）儿童观的优化

1. 追随儿童

办园之初，教师大多按部就班地依据教学内容组织一日教学活动。多年后

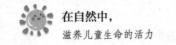

的今天，教师开始真正关注幼儿本身。他们不再局限于既定的教材和教法，而是成为敏锐的观察者，时刻留意幼儿在自然环境中的即时反应和表现，适时、适宜地组织一些教学活动。比如，有的教师会说："我发现我们班的幼儿对蜘蛛很感兴趣，所以跟着幼儿的脚步一起去了解蜘蛛。"还有的教师提道："我们班级的幼儿想要一个有篝火的毕业晚会，我们两位老师和家长一起商量，协助幼儿一起办一场别开生面的篝火晚会。"更有教师表示："在活动中，我发现小 Q 不太和同伴互动，但是我猜她肯定是有自己的想法的，我用马赛克方法的一些工具试了试，发现原来小 Q 的内心有着炽热的想要得到关注的愿望。"

2. 关注每一个

教师投身幼儿的日常时光，尝试用敏锐的目光去捕捉幼儿那些稍纵即逝的发展契机。他们深知，每个幼儿都是宇宙间独一无二的星辰，因此，教师努力对每一位幼儿进行观察与倾听，为每个幼儿制订一个专属的成长档案，支持幼儿的个性化发展。而幼儿也以他们那纯净无邪、独一无二的方式来回应教师的看见与理解。

案例： **"小冰块"温暖着我**

➤ 第一印象——这个男孩有点"冷"

对于"小冰块"，我的第一感觉是他可能是一个好动、规则意识较薄弱的幼儿，大家都在站着认真听教师说的时候，他却蹲着，东张西望。同时在前测的时候，他也是一直在走来走去，很高冷，不太愿意回答我的问题。从表5-4前测的情况可以看出，我问了 5 个问题，他的回答总共只有 19 个字，所以当时我觉得他是一个十分冰冷的"小冰块"。

结合第一印象和前测的情况，一开始我的内心是有点迷茫的：如果这个幼儿在整个教学活动中都沉浸在自己的世界里，不跟着教师的节奏走，到时候我具体应该观察些什么？但是事实证明我错了，他是一块内心火热的"小冰块"。在第三环节中，他用不同的方式探索气味、留住气味的表现让我眼前一亮。他有很多值得欣赏的学习品质，他的外表高冷，内心实则非常火热。

> 深入观察——这个男孩的探究精神有点"暖"

根据有效学习观察记录表，我通过幼儿表现、持续时间、幼儿语言以及教师的语言进行记录，以下是我的课堂实录。

表 5-4　留香环节观察记录——师幼互动

持续时间	幼儿动作	幼儿语言	教师语言
36:54—36:58	拿起捣药罐	老师，这样可以吗	嗯，试一试，你可以先试一试
37:02	用捣药罐敲击柠檬		想想还能用什么方法打开它呢
37:47	把柠檬放在药碾子上	我这个太大了	太大了怎么办呢，能有什么好方法打开它呢
37:59		剥皮	可以呀，那你试试看
40:44	拿起留香纸闻了闻	我可没有	你们的味道都留下来了吗
			你们有什么办法可以帮助他吗
41:00	幼儿有些沮丧		你再试试看，是不是可以用剪刀将柠檬剪开呢

表 5-5　留香环节观察记录——幼儿不断尝试

持续时间	幼儿动作
36:54—37:01	用捣药罐敲击柠檬
37:25—27:28	用石头敲击柠檬，闻了闻
37:34—37:38	用药碾子尝试
37:40—37:44	用剪刀剪柠檬中部
38:00—38:03	用手给柠檬剥皮
38:05—38:10	用剪刀最锋利处剪柠檬
38:38—38:39	看见旁边的幼儿在敲击，用剪刀敲击柠檬
39:27—39:31	拿着石头，将柠檬放在留香纸上，放地上敲击，闻了闻
39:32—39:41	又继续把柠檬放在留香纸上，用石头敲击
39:43—39:52	用捣药罐敲击柠檬
40:20—40:37	用剪刀剪柠檬最细的部位
41:30—41:34	用两把剪刀剪柠檬

表 5-6　留香环节观察记录——幼儿持续思考

持续时间	幼儿动作
36:50—36:53	拿起剪刀，不动
37:07—37:24	拿起留香纸
37:29—37:24	拿着刚用石头敲击的柠檬，看别人
38:10—38:37	拿着柠檬，看着各种各样的工具
38:40—39:06	拿着柠檬走来走去，去其他组看了看
39:58—40:15	拿着留香纸，看着别人

通过使用观察量表，我发现在这次活动中，这个男孩在5分钟内思考了6次，共思考78秒。刚刚开始准备尝试时，他进行了思考；发现捣药罐没用时，他又思考了13秒；用了多种方式发现不可行时，他再次进行了思考。他在不断思考，而这正是主动学习的表现。同时，他用剪刀、捣药罐、药碾子、石头等工具将柠檬散发出香味并留住。从幼儿的行为上看，他能熟练地运用教师提供的工具，动作发展技能较好，勇于探索，敢于尝试，积极学习，并且能通过反复闻、比较等动作，进行多次尝试，表现出幼儿的任务意识较强。最后，我发现他利用最多的工具是剪刀，尝试了5次，但是这5次里他对剪刀的用法都是不同的，从一开始用剪刀剪柠檬的中间—用剪刀最尖锐的地方来剪—用剪刀敲击柠檬—用剪刀剪柠檬最细的部位—用两把剪刀进行尝试。他不仅动作灵活，思维同样是活跃的，他的创造性思维很强，同一种工具剪刀，在他手里的使用方法是不同的。通过深入的观察，我终于走进了"小冰块"的世界，他并不像一开始想的那样没有规则意识、没有探究精神，而是一个敢于大胆尝试，能够持续探究的幼儿。而这个转变的过程，是本次观察中采用的科学观察量表以及一对一观察所呈现的。

（案例提供者：唐菲凡）

唐老师的故事，是教师更加关注活动中每一个幼儿的发展与需求，关注不同幼儿的学习风格和学习特点的体现。在幼儿园，像唐老师这样用心关注每一个、努力成就每一个的故事还有很多。这些故事如同繁星点点，闪耀着教育的智慧之光，激励着每一位教师不断前行。

（二）课程观的迭代

随着教师对幼儿认识的逐步深化与转变，自然体验活动课程也经历了从初期以预设为核心，到如今围绕儿童主体展开的生成性课程体系的演变。在这一过程中，教师的课程观念在课程目标、内容及评价方面也实现了深刻的迭代与优化。

1. 课程目标：从碎片化到连续性

在自然体验活动生成课程的初期，教师常常是根据幼儿在特定时刻表现出的兴趣点来设计活动。例如，当幼儿在户外玩耍时，突然对一只飞虫产生了浓厚的兴趣，在幼儿的深入讨论中，教师发现幼儿对这只虫子是飞蛾还是蝴蝶产生了分歧，就会组织关于飞蛾和蝴蝶的观察活动。然而，这种基于瞬间兴趣点设计的活动往往比较零散，缺乏系统性和连贯性。可能今天幼儿兴奋地观察蚂蚁，明天就转向了其他主题，导致课程的深入性和持续性大打折扣。

随着教育理念的不断更新，教师开始意识到，仅仅关注幼儿瞬间的兴趣点是不够的。于是，他们开始关注幼儿的连续性经验，并尝试将课程目标从过去那种零散、片段式的设计，转变为更加注重系统性和连贯性的体系构建。比如，《呀，球虫！》这个案例中潘老师的做法为我们提供了一个鲜活的例证。当潘老师发现幼儿对虫子产生了浓厚的兴趣时，她并没有简单地停留在表面的兴趣捕捉上，而是深刻地意识到，这是一个引导幼儿深入探索自然的绝佳机会。于是，潘老师精心设计了一系列"虫子"主题的活动："话虫"，让幼儿在交流中分享对虫子的初步认识和好奇；"寻虫"，带领他们走进自然，亲自寻找虫子的踪迹，感受虫子的生存环境；"养虫"，则让幼儿亲身体验照顾虫子的过程，培养他们的责任感和观察力；"探虫"，通过观察、实验等方式，引导他们深入探究虫子的习性和生态；"玩虫"，精心准备各类虫子主题材料，打造探索乐园，激发幼儿对虫子的探究热情。幼儿在此自由选用材料，通过绘画、手工、故事创作等多元方式，展现对虫子的独特理解与喜爱，开启趣味十足的虫子探秘之旅。通过这一系列的活动，幼儿不仅对虫子有了更全面、更深入的了解，更重要的是，他们的好奇心和探索欲得到了极大的满足和激发。他们不再只是零散、片段地

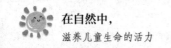
了解虫子，而是逐渐构建起了一个关于虫子的完整经验体系。这种连续性的经验发展，正是从碎片化课程目标向连续性课程目标转变所追求的。

2. 课程内容：从分散割裂到整合融合

当课程目标愈发重视儿童连续性经验的发展，自然体验活动的课程内容也逐渐告别了过去的分散割裂，走向了整合与融合。以小班的《赴一场秋天的秋叶盛宴》为例，当金黄的秋叶纷纷扬扬飘落，严老师紧紧追随幼儿对落叶的浓厚兴趣，引领他们通过多感官深刻体验，感知落叶的奇妙之处。幼儿不仅用眼睛仔细审视落叶的形状与大小，还静下心来，竖起耳朵倾听那落叶发出的细微沙沙声，仿佛在聆听大自然的低语。他们还用稚嫩的小手，小心翼翼地轻轻触摸着不同种类树叶的表面，感受着粗糙与光滑带来的截然不同的触觉盛宴，宛如在与大自然进行一场深情而无声的对话。这种直接而生动的感知体验，不仅极大地丰富了幼儿关于落叶的认知，还在他们幼小的心灵中播下了探索的种子。幼儿根据树叶的独特形状，充分发挥想象力，创作出了一幅幅充满童趣与创意的涂鸦画、细腻的落叶拓印画，甚至巧妙地用落叶串出了多彩的项链，每一件作品都独具匠心，展现了幼儿对自然的热爱与感悟。在这个过程中，他们的艺术美感得到了显著提升，还学会了细致分析、比较不同树叶形状上的差别，锻炼了敏锐的思维能力。这样的课程内容，真正做到了整合与融合，在活动中幼儿不再是机械地学习关于树叶的单一知识，而是通过亲身体验，将视觉、听觉、触觉等多种感官紧密结合起来，形成了对落叶更为全面、深入的理解。这种整合与融合的课程内容，不仅让幼儿感受到了大自然的美，更让他们在探索与发现中，实现了多方面能力的共同发展。

3. 课程评价：从结果导向到过程追踪

教师课程观的迭代，不仅体现在其对课程目标的深刻理解上，以及课程内容的精心选择与巧妙整合中，更显著地反映在他们对课程评价侧重点的转变上。过去，评价往往过于聚焦幼儿学习结果的单一维度，而今，教师开始更加注重学习过程中的多元表现与发展轨迹。这种转变并非仅限于集体教学活动的评课环节，而是渗透到了幼儿园一日活动的每一个细微环节之中，无时无刻不在关注着幼儿在探索、游戏中的成长与进步。接下来，让我们透过教师的亲身感受，深入体会她们对于课程评价观念的崭新变化与深刻理解。

李婷老师（骨干教师）：过去在上完一节课后，在评课的环节，我们一般会提出这样几个问题：今天教师执教的集体活动目标和环节设计合理吗？活动内容有价值吗？班中幼儿在活动中能进行有效学习吗？……无论是执教者或是观课者，总会下意识地复盘执教者哪些地方做得好、哪些地方做得有缺失，似乎对于一个活动而言，影响其质量的主要评判标准在于教师做得"怎么样"。很少有教师将分析对象指向幼儿，基于他们在活动中的行为表现去研究这些幼儿在"思考什么""想做什么"及"需要什么"等。通过参加课例工坊活动，我第一次真正意义上走进"课堂观察"，和我们的团队一起以进阶版"观察员"的身份，带着观察目标，凭借观察工具，对每名参与活动的幼儿进行全面跟踪及深入分析，理解他们真实的学习。

陈格老师（新秀教师）：课例研修的开展时间非常短暂，但从中我获得了飞速成长，并开启了全新的学习体验。在开展过程中，我们学习将观察视角从教师转向幼儿，并通过观察量表有针对性地观察幼儿的"有效学习"，在观察之后借助小组合作进行话语分析更科学地解读幼儿的行为。在与同伴分享交流的过程中，我们一次次惊喜于幼儿个性化的学习方式。幼儿在观察世界，我们也在观察幼儿的过程中看到更多元、更有趣的教育可能，更直观感受到了教育的力量。这种温暖的力量鼓舞着我在课例研修之后继续学习。工作中常常感觉被推着跑起来，被动学习多，会因为以结果为导向而失去了学习的乐趣。课例研修之后我真正重拾了"学习"这件事情，对于自己的专业有了更认真的态度，在带班过程中会有目的地观察幼儿的行为，并进行梳理，形成个案跟踪记录，这种基于幼儿的观察视角帮助我不断思考幼儿在学习过程中展示出的品质，看见了幼儿的发展。另一方面，对理论学习也更有兴趣，因为如果我们自己通过不断学习成长为一名更全面的教师，就能以更专业的视角、更丰富的途径为幼儿的成长助力。

王程老师（新手教师）：以前的我总是习惯将执教者与幼儿的参与热情作

为衡量一次活动成功与否的唯一标尺。我常常静静地坐在教室后方，像一个旁观者，虽能捕捉到整体的氛围，却难以深入每一个细微的表情、语言和肢体动作背后，去真正理解幼儿的内心世界。然而，这次课例研修活动，如同打开了一扇窗，让我看到了教育观察的新天地。我学会了走动起来，走近每一名幼儿，去感受他们的情绪波动，去捕捉那些稍纵即逝的瞬间。每一次眉宇间的变化、每一次脱口而出的话语，都不再是被忽略的背景，而是成为我解读幼儿内心、调整教学策略的宝贵线索。我惊喜地发现，当幼儿看到我手中的相机，他们的眼神中闪烁出好奇与兴奋，那不仅仅是对新鲜事物的好奇，更是对自我表达的渴望。而我，也仿佛通过镜头，与他们建立了一座无形的桥梁，连接着他们的世界与我的期待。每一次按下快门，都是对这份纯真与好奇的记录，也是对我自身教育理念的一次革新。

（三）教育观的革新

随着儿童观和课程观的悄然转变，教师的教育理念也正经历着一场深刻的变革。他们不再仅仅是活动的执行者，而是逐渐化身为儿童世界的探索者与研究者，深入挖掘每个幼儿的潜能与需求。教学方法也从传统的单一模式，演化为多元化的策略。最重要的是，他们学会了耐心等待，给予幼儿足够的时间和空间去探索、去犯错、去成长。

1. 角色由实施者转变为研究者

当教师不再按照既定的教学计划和教材内容进行教学，而更加注重观察和研究每个幼儿的特点和需求，他们的角色就从以往的实施者转变为研究者。他们会通过观察幼儿的兴趣和表现，设计出更符合幼儿发展需求的活动。他们会记录下幼儿在活动中的表现，分析其兴趣点和困难点，然后调整教学方法和内容，以更好地促进幼儿的发展。他们会巧妙捕捉与幼儿互动的瞬间，用镜头定格那些稍纵即逝的话语火花。以大班科学活动"奇妙的气味"为例，宋老师细致录制了这次活动中教师与幼儿的每一次对话，并将其转录为文字，最后通过话语分析的方法，试图分析师幼互动中的每一丝情感与意图。在这场关于茉莉花香气的探索之旅中，她发现教师通过重复、改述与生动描述等话术，如同搭建阶梯一般，引领幼儿一步步攀向那难以言喻的嗅觉体验高峰，勾勒出他们从初闻花香的惊喜，到深入表达感受的心路历程（见表5-7）。

表 5-7　关于描述最喜欢的气味——茉莉花（转录）

1	教师	小朋友们都找到了，谁愿意来分享一下你最喜欢的气味？谁来分享一下，你找到的最喜欢的气味？好，妹妹你来说。你到前面来和大家说一说，你找到了什么
2	幼儿	茉莉花
3	教师	你为什么喜欢茉莉花——▶重复
4	幼儿	因为我的名字就是它
5	教师	哦，原来她的名字就叫做茉莉啊，所以她找了茉莉花——▶改述
6	教师	茉莉花闻起来，感觉怎么样
7	幼儿	香香的
8	教师	怎么样香香的？你觉得很香，是怎么样——▶重复
9	教师	像吃了蛋糕一样吗
10	幼儿	像喝了……花茶一样
11	教师	哦！茉莉花可以泡茶是吗？所以她觉得像喝了花茶一样香香的、甜甜的，你说得真好——▶描述

在幼儿园，越来越多的教师正像宋老师一样，借助科学的方法或者量表等"钥匙"，探寻幼儿内心深处的意图。这一现象印证了教师正悄然完成从传统实施者到研究者的角色蜕变，他们以更加细腻、科学的方式，深入理解每一位幼儿，支持、成就每一位幼儿的成长。

2. 措施由单一转变为多元

在教师从实施者向研究者转变的过程中，他们的教学措施也日益多元化。实地考察、实验探究、小组讨论、角色扮演等活动，让幼儿不仅仅是旁观者，而是积极参与者。教师根据幼儿的兴趣和核心问题，设计出各种有趣的项目，让幼儿在快乐和合作中学习，不仅掌握了知识，还培养了团队精神和解决问题的能力。教育，在这里正逐渐变得多元化，为幼儿的成长描绘出一幅幅生动的画面。

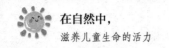
三、家长：在自然体验中同行共长

犹记得办园之初，家长的典型问题："你们会教识字吗？""孩子们能学会多少以内的加减法？""我们主要是想让孩子认识一些英文单词，这样上小学后就能更快地适应……"这些疑问背后，是家长对幼儿未来学习的深深忧虑与期盼。他们更关注的是幼儿的认知成果，却往往忽视了幼儿本身的发展需求以及学习的特点。经过多年的园所观念引导及丰富多彩的家园共育实践，家长开始慢慢地懂得，教育不仅仅是知识的堆砌，更是心灵的滋养和人格的塑造。他们开始理解，儿童的发展是一个全面的过程，包括身体、情感、社交等多个方面。于是，家长的观念变了，从"以知识技能为中心"转变为"以儿童发展为中心"，更加注重幼儿的兴趣爱好、个性特点和需求。行动上也从一开始的协助教师进行一些教学活动，开始转变为滴幼教师的同行者，主动与教师一起为幼儿创造一个更加健康、快乐、有益的成长环境。

（一）从"以知识技能为中心"向"以幼儿发展为中心"转变

起初，每当教师引领幼儿投身欢乐的沙水活动，或是开启种植的奇妙旅程时，总免不了遭遇家长的质疑："老师，怎么让孩子弄得满身脏兮兮的？这样玩能学到什么？"甚至当教师鼓励幼儿爬树时，出于安全顾虑，家长也是眉头紧锁。然而，开展户外自然体验活动多年之后，当家长目睹幼儿在大自然的怀抱中，变得更健康、专注，充满好奇和探索时，家长被打动了，他们开始重新审视自己的角色，学会了适时地放手，给予幼儿更广阔的自主天地。

在儿童故事分享会上，家长不仅被教师精湛的专业素养深深折服，更被幼儿展现出的探索能力惊艳到了。"真没想到，那些在我们成人眼中微不足道的小事情，孩子们却能钻研得如此深入。"有家长感慨："是啊，孩子们探索的这些点滴，竟然与我们的生活有着如此紧密的联系，这让我们对生活有了新的认知。"另一位家长接着说："以前从没想过，在日常生活里还能以这样的方式陪伴孩子，这不仅能让孩子收获知识技能，更能汲取比知识技能珍贵得多的东西。"家长的言语中充满了对这次活动的高度赞扬，以及对幼儿成长路径的全新理解。他们开始意识到，幼儿的成长需要丰富的亲身体验，在经历中，幼儿的心灵才能愈发坚韧，人格才能得以更加完善。

基于这样的认识，家长带幼儿走进自然的次数日益增多，家庭中也逐渐形成了开展自然体验活动的新风尚。这一显著的转变，从图 5-2 中可以直观地看出。图中所示的前后两组数据分别采集于 2020 年和 2023 年，对比鲜明，见证了家长教育观念的深刻变化。家长正以更加开放的心态，拥抱幼儿的每一个奇思妙想，即便是那些看似不切实际的幻想，或是探索路上的小失误，也都被视为成长路上宝贵的财富。正是这种包容和理解，让幼儿感受到了无尽的爱与支持，也让亲子关系变得更加亲密、和谐。

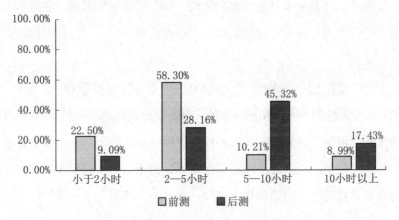

图 5-2　家长每周带孩子接触自然时长的前后测情况

（二）从"协助者"向"同行者"转变

作为幼儿成长道路上不可或缺的重要伙伴，家长在理念转变的同时，角色也悄然经历着一场从"协助者"到"同行者"的转变。他们不再仅仅站在教师身后，配合教师开展活动，而是真正成为幼儿园课程的共建者，共同参与幼儿成长的每一个瞬间。

回首十多年的办园过程，幼儿园在家园共育的沃土上辛勤耕耘，各级家委精心策划并组织了大量的自然体验活动。仅以近 5 年为例，开展以班级为单位的户外探险近 500 次，家委引领的跨年级、跨部门自然之旅多达 100 余次。活动的内容也丰富多样，以 2024 年上半学期为例，除了全园的春游、风筝节活

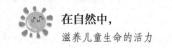

动，多个班级利用临港优势资源开展放风筝、挖野菜、挖红薯、割稻子、捡落叶等活动，各班还结合各类节气、节日活动开展亲子种植、食育及社会实践等丰富的活动，真正让幼儿的学习与发展浸润在与大自然的充分互动之中。

四、展望未来

通过十余载不懈的教育研究与实践，冰厂田滴水湖幼儿园从一所新办园发展成为上海市示范性实验幼儿园，在临港地区乃至浦东新区发挥着重要的示范引领作用，培育了一支有理想、有理念、爱儿童、会实践的教师团队，幼儿的发展也受到各级评估专家及小学教师的充分认可。当下，面对政府对学校角色的进一步要求，以及未来社会发展的挑战，幼儿园将继续紧握"在自然中，滋养儿童生命的活力"这一神奇的钥匙，实现课程理念——"让每一颗水滴在阳光下自然灵动"。

（一）广度拓展——构建成长共同体，同绘教育新篇章

未来，幼儿园将致力于拓展课程的广度，充分发挥示范园的示范辐射作用。一方面依托临港新片区独特的"同心圆"课程体系，与周边中小幼学校紧密携手，打破校园壁垒，让课程活动的溪流在更大的范围内交融汇聚。同时，借助幼儿园最新承担的上海市市级重点家教课题——《基于儿童友好学校建设开展家校社协同育人合作机制的实践与探索》，将以儿童友好学校建设为基点，精心搭建全方位、多层次的家校社合作平台。在这个平台上，每一位家长、教师乃至社会各界人士，都将成为幼儿成长道路上的良师益友和同行伙伴，共同为幼儿编织起一张温暖而有力的成长支持网络。

（二）深度挖掘——深耕自然体验，提升课程内涵

在课程内涵建设上，以 2024 年幼儿园立项的上海市教育科学研究项目——《基于具身认知理论的幼儿园自然体验活动的创新实践》为指引，深耕于自然体验活动之中。在课程实践的过程中，将聚焦每一个幼小的生命个体，依据脑科学的前沿理论，推进自然体验活动的深入探索与实践。将修炼启智润心、因材施教的育人智慧，致力于雕琢自然体验活动的每一个细微之处，追求其系统化

与层次分明的课程设计，实现自然体验活动课程设计的系统性与递进性。与此同时，也将持续优化评价体系，采用多元且具有过程性的评估手段，细致入微地关注每位幼儿的个体差异，倾听他们内心的声音，为他们提供个性化的学习支持和反馈，"让每个孩子都有出彩的机会"，努力让每个幼儿都成长为最好的自己。

（三）温度升华——共筑人与自然、人与社会、人与自我和谐共生的成长家园

教育不仅仅是知识的传授，更是文化的传承和人格的塑造。作为一名教育者，肩负着培养下一代的重任，这不仅是对个体的培养，更是对国家未来和社会进步的贡献。因此，我们将更加注重营造充满人文关怀的教育氛围，让幼儿在爱与自由中茁壮成长。通过组织更多富有情感色彩的活动，帮助幼儿建立积极的情感联结，学会理解和尊重他人，培养良好的道德品质和社会适应能力。同时，也将通过一系列精心设计的自然体验活动，让幼儿在亲身参与中感受中华文化的博大精深，激发他们对生命的敬畏之心和对美好生活的向往之情。鼓励幼儿勇于探索未知，敢于表达自我，在与他人的互动中不断发现自我价值，实现自我超越和社会融入。

展望未来，征程虽远，挑战虽艰，却满怀信心与决心。冰厂田滴水湖幼儿园将以教育家精神为灯塔，肩负起"弘扬全人类共同价值"的崇高使命，坚守教育的神圣阵地。围绕"弘扬全人类共同价值"这一宏大使命，立足三尺讲台，以教育家的大视野、大格局、大情怀、大智慧，不断引领并增强教师的归属感、获得感、价值感，力求培养出有家国情怀、中华气派、文明底色、全球视野、未来眼光的时代新人。

后 记

　　本书凝结了冰厂田滴水湖幼儿园从创办至今 15 年来的思考和行动历程。在本书撰写的过程中，首先，我要感谢我的整个团队。这本书中所有的案例和经验，均来自我园每一位教师的努力耕耘和创新实践，来自教师和幼儿日复一日相依相伴的智慧结晶。创新实践的道路从来不是一帆风顺的。创办初期，临港新城也刚刚处于发展的起步阶段，是一位位幼儿园元老以园为家的坚守，才让一所新开办园得以一步步日趋成熟；是教师秉持着滴水穿石的精神，和"起步就是冲刺，开局就是决战"的决心，才让幼儿园在创办短短十余年后就迈向创建上海市示范性幼儿园的道路；是更多"滴幼"人带着乘风破浪的斗志，通过不懈努力，在近 5 年里克服种种困难和挑战，实现办园质量和课程质量的质的飞跃。

　　作为第一次出书的新手，本书的撰写得到了许多老师的帮助。比如，我园副园长小悦老师和科研主任小芳老师，利用了几个寒暑假，将办园以来我园在环境创设、课程实践和教科研工作方面的经验进行了整理，并对我园目前的课程实施现状做了成效分析。感谢我们的课程团队，李婷、任荏磊、薛燕红、顾倩、郑佳青、潘佳妮、陈妤、沈沛旻、朱玮怡、任银霞等诸位组长对各阶段科研实践阶段性成果的协助梳理和优化，才得以形成我们目前较为成熟的课程实施框架。在课程创新过程中，还要感谢一些素未谋面、却带给我们很多启发的专家团队，比如陈欢博士的自然生成课程、小马君工作室的生成课程，ICEE 儿童生态教育研究院的专家的各类自然教育理念也给了我们很多启发。还离不开所有亲临幼儿园对我们开展直接指导的专家，比如多次莅临我园指导的专家肖燕萍老师、叶蕴老师等。最后，本书能够顺利完稿和出版，离不开集团理事长姚健的鼓励和支持，此外非常感谢澄耕教育的张燕老师、小兰老师在本书撰写工作中给予的指导和润色。

真心希望这本书能够给不同发展阶段、不同办园背景的园长和教师一些帮助和启发，希望我们一起在基于自然的学前教育上走得更扎实、更稳健，愿我们能够培养出更多健康阳光、充满韧劲、自然灵动的未来接班人！我们不仅在培育更幸福的童年，更在创造更美好的未来！让我们一起加油，继续砥砺前行！

陈月红

二○二五年五月

附　录

　　为了更深入地了解幼儿在自然体验活动中的成长轨迹，我们精心设计了一系列科学的观察量表。这些量表，犹如航海图，为我们记录幼儿成长的每一步足迹提供了清晰的指引。

　　《自然体验活动的学习品质观察量表》，如同一位细心的导师，帮助我们捕捉幼儿在学习过程中的专注、好奇与坚持，让我们能够深入了解幼儿对待新知识的态度，以及他们在探索自然奥秘时的热情与投入。

附录1：自然体验活动中的幼儿学习品质观察量表

姓名	班级	性别	观察情境（什么类型自然体验活动　　）			
			玩沙玩水（　　）	种植园活	户外艺术创意（　　）	户外自主游戏（　　）
活动前幼儿是否有前期经验	是	否	是	是	否	否
活动前幼儿是否已表现兴趣	是	否	是	是	否	否
活动内容对幼儿是否具有挑战			是	是	否	否
活动前教师是否有导入	是	否	是	是	否	否
活动中教师是否有支持行为	是	否	是	是	否	否
活动中是否有合作行为			是	是	否	否
活动后教师是否有组织评价引导	是	否	是	是	否	否

品质维度	行为表现指标	具体行为表现指标	水平 1 2 3 4 5	评级说明
主动性	能够在活动中表现出自我导向	能够独立地参与到活动中		1分：不能自主参与活动、不能自主做出选择 2分：偶尔能自主参与活动、自主做出选择 3分：基本能自主参与活动、自主做出选择 4分：较多时候能独立自主参与活动、自主做出选择 5分：经常能独立自主参与活动、自主做出选择
		能够独立自主地做出选择与决定		
		能够主动遵守规则和常规		
	能够积极地进行探索活动	能够运用丰富多彩的材料进行探索和尝试		1分：不能对材料进行探索 2分：能运用单一感官对材料进行简单的探索 3分：能运用多个感官对部分材料进行有目的的探索 4分：能运用多个感官对部分材料进行有目的的探索 5分：能运用多个感官对大部分材料进行有目的的探索
		能够积极探索环境中事物与材料的工作方式		

续表

品质维度	行为表现指标	具体行为表现指标	水平					评级说明
			1	2	3	4	5	
主动性	主动与他人互动	能够主动加入个人或小组活动中						1分：不主动加入游戏、发动游戏、邀请同伴加入游戏
		主动发起游戏活动						2分：偶尔能够主动加入游戏、发动游戏、邀请同伴加入游戏
		能够主动邀请同伴加入活动中						3分：基本能够主动加入游戏、发动游戏、邀请同伴加入游戏，并分享意见和想法
		能够主动向他人分享自己的想法和经验						4分：较多时候能够主动加入游戏、发动游戏、邀请同伴加入游戏，并分享有效意见和想法
								5分：经常能独立主动加入游戏、发动游戏、邀请同伴加入游戏，并分享有效意见和想法
好奇心与兴趣	幼儿对人、事物、周围的环境以及学习感兴趣	对新事物和尝试新经验感兴趣						1分：不感兴趣
		对学习和讨论新的主题、想法和任务感兴趣						2分：少部分感兴趣
		对他人或对他人的工作、行为感兴趣						3分：一半感兴趣
		有自己的兴趣爱好						4分：大部分感兴趣
								5分：兴趣很浓厚
	愿意尝试新挑战	能够选择参与到更多的活动、任务和游戏中						1分：不愿意，他可能说："我不想说或玩这个"，或者保持沉默
		既能选择熟悉的事物与活动，又能尝试新的和不熟悉的事物与活动						2分：较少次愿意
		能够尝试具有挑战性的复杂的活动与活动材料						3分：偶尔愿意，没有特别的积极情绪
								4分：较多次愿意，比较积极，较多参与
								5分：非常愿意参与，如在活动准备时就关注视材料或者问些相关活动的问题

续表

品质维度	行为表现指标	具体行为表现指标	水平 1 2 3 4 5	评级说明
好奇与兴趣	喜欢问问题	能够对自己感兴趣的现象提出的、质疑的，或能够补充自己的想法		1分：没有提问或提了与活动不相关的问题 2分：较少提出问题或提出的问题与活动有点贴近 3分：偶尔提出问题或提出的问题与活动比较贴近 4分：较多提出问题或提出的问题与活动很贴近 5分：经常提出问题或提出的问题正是活动的关键
想象与创造	能够在活动中运用想象力，产生多种想法	能够向成人或同伴提出问题，并寻求解释 活动中能够运用想象力创造新的"作品" 能够运用想象力来理解信息，解释或说明自己的想法		1分：不能理解信息，基本没有看法 2分：能说出自己的看法，但与所要传达的意义不相符 3分：能说出自己的看法，看法与所要传达的意义有点相近 4分：能说出自己的看法，看法与所要传达的意义大致相近 5分：能说出自己的看法，看法与所要传达的意义相同
反思与解释	会用一些方法帮助自己学习	能观察、模仿、请教他人 尝试探究等方式解决问题，活动后能对活动后简单的评价，谈自己做了什么、为什么做，对与错，并在成人指导下改进		1分：不能解释自己为什么这样做，或者直接回答不知道 2分：能用个别解释自己的词汇，不连贯地解释自己做了什么，但是不知道为什么这样做 3分：能够简单解释自己做了什么，但是关于为什么这样做不清楚 4分：能较清楚地解释自己做了什么，大概知道对与错，也能简单地解释自己为什么这样做 5分：能够很清楚地解释自己的行为，并能快速很清楚地解释自己的行为原因，并在成人指导下改进

续表

品质维度	行为表现指标	具体行为表现指标	水平					评级说明
			1	2	3	4	5	
反思与解释	对过程的回顾	对活动中一些有趣的事或想法表现出较长时间的记忆						1分：保持沉默或者回答与问题无关的内容
		对记忆中的一个情景或动作能够描述或表演出来						2分：回答不知道或者回答自己没有遇到困难
		能主动描述并解释自己的行为						3分：能够简单说明自己的活动过程，但表达述的内容和步骤较为零碎
		开始能够理解他人的想法、意图、动机等，并提出出质疑						4分：较为乐意回顾自己的活动，回顾的内容较为完整
								5分：非常乐意向老师和同伴分享自己的活动，回顾内容完整，也有较为具体的细节（使用的材料）和步骤等

附录2：自然体验活动中幼儿"坚持与专注"观察量表

观察对象基本信息	姓名	班级	性别	月龄
观察情境（什么类型自然体验活动）	玩沙玩水	种植园活动	户外艺术创意	户外自主游戏
活动前幼儿是否有前期经验	是	否		
活动前幼儿是否已表现兴趣	是	否		
活动内容对幼儿是否具有挑战	是	否		
活动前教师是否有导入	是	否		
活动中教师是否有支持行为	是	否		
活动后教师是否有组织评价引导	是	否		
活动中是否有合作行为	是	否		

观察时间段	维度	行为表现指标	具体行为表现指标	水平					评级说明
				1	2	3	4	5	
活动前（0~15分钟）	专注性	能够集中注意力	幼儿在活动中专心做事，不受外界因素的干扰，注意力集中，专心完成任务或活动						**专注性**
	坚持性	能够接受适当的挑战，表现出坚持不懈的精神	在面对困难和挫折时，能够坚持进行自己的活动或任务						1分：注意力差，无法专注于任何一项活动，对活动不感兴趣
		目标意识	在活动中能设定目标计划，并且始终按照目标计划完成任务						2分：注意力比较差，只在活动开始时较专注，专注时间短，注意时间很短，注意力很容易被转移
活动中（15~30分钟）	专注性	能够集中注意力	幼儿在活动中专心做事，不受外界因素的干扰，注意力集中，专心完成任务或活动						3分：注意力一般，活动过程中不时偏离任务，但稍作提醒能够转回
	坚持性	能够接受适当的挑战，表现出坚持不懈的精神	在面对困难和挫折时，被干扰或受到影响时，能够坚持进行自己的活动或任务						4分：注意力较强，能在大部分环节中专注于活动
		目标意识	在活动中能设定目标计划，并且始终按照目标计划完成任务						5分：注意力强，整个活动中都积极专注，专注时间长
活动中（30~40分钟）	专注性	能够集中注意力	幼儿在活动中专心做事，不受外界因素的干扰，注意力集中，专心完成任务或活动						**坚持性（通过测量时间来评价）**
	坚持性	能够接受适当的挑战，表现出坚持不懈的精神	在面对困难和挫折时，被干扰或受到影响时，能够坚持进行自己的活动或任务						1分：无法坚持任何一项活动，对活动不感兴趣
		目标意识	在活动中能设定目标计划，并且始终按照目标计划完成任务						2分：坚持活动的时间很短（1~5分钟） 3分：坚持活动的时间较短（5~10分钟） 4分：坚持活动时间持续较长，比较听从教师的安排（15~30分钟） 5分：坚持活动的时间持续长，跟随教师的安排（30~40分钟）

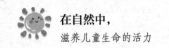

《自然体验活动的深度学习观察量表》，则像一位聪明的侦探，帮助我们揭示孩子们思维深度与广度的变化。通过它，我们可以观察到孩子们在面对问题时思考的层次，以及他们如何将所学知识融会贯通，形成自己独特的理解。

附录3：自然体验活动中幼儿深度学习观察表

幼儿姓名：　　　　　　　班级：　　　　　　　性别：

维度	一级指标		二级幼儿行为表现	分值	得分
积极情绪	主动性	不愿参与	在自然体验活动中，幼儿表现出明显的抗拒，可能选择远离活动区域或持续保持沉默，对自然环境和活动内容不感兴趣	0	
		一般参与	幼儿愿意参与自然体验活动，但没有特别积极的情绪表现，可能只是跟随教师或同伴进行活动	1	
		积极投入	幼儿对自然体验活动表现出极大的兴趣，活动开始后迅速并兴奋地投入观察、探索等活动中，主动与自然环境互动	2	
	专注性	注意力分散	在自然体验活动中，幼儿经常分心，注意力容易被周围环境中的非活动相关元素吸引，如其他小朋友、小动物等	0	
		偶尔分心	幼儿在活动中偶尔会被周围环境中的某些元素吸引，但能够较快地回到活动主题上，继续参与活动	1	
		高度专注	幼儿对自然体验活动产生浓厚兴趣，注意力高度集中，能够持续观察、探索，不受周围环境的干扰	2	
问题解决	联系与迁移	缺乏联系	在自然体验活动中，幼儿不知道如何将遇到的问题与已有的经验联系起来，无法从旧经验中找到解决问题的线索	0	
		尝试联系	幼儿尝试将遇到的问题与已有的经验联系起来，但无法有效迁移应用，可能只是口头上的表述，没有实际行动	1	
		有效迁移	幼儿能够准确地将遇到的问题与已有的经验联系起来，并成功迁移应用到自然体验活动中，有效解决问题	2	

续表

维度	一级指标	二级	幼儿行为表现	分值	得分
问题解决	解决问题	回避问题	幼儿在自然体验活动中遇到问题选择回避或保持沉默，不愿意尝试解决	0	
		寻求帮助	幼儿在活动中遇到问题会先尝试自己解决，如果无法解决会主动寻求教师或同伴的帮助	1	
		独立解决	幼儿在自然体验活动中遇到问题，能够始终尝试自己解决，并通过观察、思考、尝试等方法最终取得成功	2	
动手制作	探究行为	无目的操作	在自然体验活动中，幼儿进行无目的、无计划的胡乱操作，没有明确的探究目标	0	
		简单探究	幼儿能够进行简单的观察或探究操作，如触摸、闻味等，并有所发现，但探究过程较为简单	1	
		深入探究	幼儿观察细致，能够注意到自然环境中的相关信息，进行动手操作研究，反复尝试，努力寻找问题的缘由并尝试解决	2	
	操作能力	无探索行为	在自然体验活动中，幼儿缺乏探索行为，只是被动地接受信息	0	
		感官探索	幼儿能够用多种感官（如看、听、摸等）或动作探索自然环境中的事物，有一定的探索意识	1	
		记录探究	幼儿能够运用数字、图画或其他符号等记录自己在自然体验活动中的探究过程与结果，展现出较高的探究能力	2	
同伴合作	协商	无协商意识	在自然体验活动中，幼儿没有协商的意识，不会主动与同伴进行协商	0	
		被动协商	在别人的要求下，幼儿愿意与同伴进行协商，但缺乏主动性和积极性	1	
		主动协商	幼儿能够主动发起协商的要求或指令，组织好协商过程，处理好协商者间的关系，确保活动的顺利进行	2	
	分工	无分工意识	在自然体验活动中，幼儿没有分工合作的意识，不愿意承担分工的角色与工作	0	
		简单分工	幼儿有分工合作的经验，能够担当分工的角色与工作，但分工过程较为简单，缺乏深入的思考和规划	1	
		主动分工	幼儿能够主动发起分工的要求或指令，根据自然体验活动的需要和自己的特长进行合理的分工安排	2	

续表

维度	一级指标		二级幼儿行为表现	分值	得分
评价反思	批判性思考	跟随他人	在自然体验活动中，幼儿容易跟随他人的观点或行为，缺乏自己的独立思考	0	
		有观点但缺乏逻辑	幼儿在模仿他人的基础上能够形成自己的观点，但表达时缺乏逻辑性，难以让人信服	1	
		有逻辑的观点	幼儿在活动中能够表达自己的观点，且观点具有一定的逻辑性，能够结合自然体验活动的实际情况进行阐述	2	
	反思	无法反思	幼儿无法说出自己在自然体验活动中所遇到的问题和解决方法	0	
		简单反思	幼儿能够简单说出自己在活动中遇到的问题和解决方法，但反思内容较为浅显	1	
		详细反思	幼儿能够详细说出自己在自然体验活动中遇到的问题和解决方法，并能够做出适当的评价，反思内容深入且全面	2	
	评价	不会评价	缺乏评价意识和能力，无法对事物或活动进行任何形式的评价	0	
		依赖他人评价	倾向于接受或重复他人的评价意见，缺乏独立的评价能力和自信	1	
		独立评价	能够基于自己的观察和思考，不依赖他人的意见或看法，提出自己独到的见解和评价理由	2	

此外，我们还依据每个具体的自然体验活动，精心编制相应的观察量表。以大班的"奇妙的气味"活动为例，我们围绕其独特的活动需求，设计了前后测的提问与细致的观察指标，试图了解每次活动中孩子们有效学习的情况。

附录 4：幼儿有效学习观察表

（路径：集体教学活动）

观察员：＿＿＿＿＿＿＿

活动内容：奇妙的味道（大班：科学/探索）

活动目标：

1. 尝试用不同的方式探索植物的气味，并用比较、分析的方法了解植物气味的不同。

2. 对进一步探索植物的气味产生持续的兴趣。

观察对象：＿＿＿＿＿＿＿＿＿＿＿＿＿＿＿＿＿＿＿＿

前测问题：

1. 参与 / 主动学习

问题 1：你今天开心吗？身体怎么样？（了解幼儿情绪及身体状况，是否能闻出气味）

问题 2：你来过这里吗？你喜欢这里吗？为什么？（了解幼儿对场地植物的熟悉情况）

问题 3：你喜欢什么样的味道？不喜欢什么样的味道？（了解幼儿对各种味道的已有经验）

问题 4：你知道哪些植物是有味道的吗？（了解幼儿对植物味道的已有经验）

2. 动机 / 积极学习

问题 1：你在游戏中遇到过困难吗？你是怎么解决的？（了解幼儿解决问题的能力）

问题 2：你觉得所有的植物都有气味吗？

问题 3：这个植物气味给你什么感觉？（带幼儿闻一闻周围植物的气味）

3. 创造性与批判性思考

问题 1：你觉得这两种植物气味有区别吗？（让幼儿闻两种植物）

问题 2：平时拼积木你是想好拼什么才去搭，还是一边搭一边想的？

问题 3：你觉得这些小朋友在做什么？（给幼儿看图片），如果是你，你会用叶子来做什么？

前测情况：＿＿＿＿＿＿＿＿＿＿＿＿＿＿＿＿＿＿＿＿＿＿＿＿

后测问题：

1. 参与 / 主动学习

问题 1：你喜欢这里吗？为什么？

问题 2：你喜欢什么样的味道？不喜欢什么样的味道？（了解幼儿对各种味

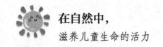
道的已有经验）

问题3：你知道哪些植物是有味道的吗？（了解幼儿对植物味道的已有经验）

2. 动机 / 积极学习

问题1：你觉得所有的植物都有气味吗？

问题2：这个植物气味给你什么感觉？（带幼儿闻一闻周围植物的气味）

3. 创造性与批判性思考

问题1：你觉得这两种植物气味有区别吗？（让幼儿闻两种植物）

问题2：你觉得这些小朋友在做什么？（给幼儿看图片）如果是你，你会用叶子来做什么？

后测情况：_____

_____

_____

活动环节	主要流程	观察点		记录	主要描述
		一级指标	二级指标		
一、闻气味找朋友，激发兴趣	闻气味找朋友	参与 / 主动学习	用鼻子闻		
			摇一摇，听声音		
			和同伴交换闻		
			与同伴交流猜测的结果		
			闻到气味后的表情（记录）		
			联系生活经验猜测		
			举手分享（记录举手次数）		
			同伴分享的时候眼神专注		
		动机 / 积极学习	没猜出来，寻找同伴帮忙		
			为猜出这个东西反复地闻		
			为找到闻到相同气味的同伴而高兴		
	提问：猜猜闻嗅瓶里装的是什么		为猜对同伴的气味而高兴		

续表

活动环节	主要流程	观察点		记录	主要描述
		一级指标	二级指标		
一、气味找朋友，激发兴趣	闻上去是什么感觉？	参与／主动学习	用语言描述自己对这个气味的感觉		
			用表情告诉别人这个气味的感觉		
			用动作告诉别人这个气味的感觉		
			不举手，但和身边同伴说		
			能联系生活事物说出感觉（记录说了什么）		
			举手分享（记录举手次数）		
			同伴分享的时候眼神专注		
二、自然体验，探索植物气味	闻一闻里面可能装的是两种什么植物？	参与／主动学习	能联系自己已有的经验进行猜想		
			能闻出是两种植物		
			为猜想挑战感到兴奋（笑、脸红、跳起来等）		
			举手分享（记录举手次数）		
	幼儿闻味，寻找植物	参与／主动学习	眼睛看向四周，观察身边的植物		
			愿意去周围闻一闻各种植物		
			会用各种方式让植物散发出气味（记录方式）		
			和同伴交流，闻一闻		
		动机／积极学习	持续探究一段时间（记录探索的时长）		
			没有找到不放弃，继续积极探究（记录闻了几种植物的气味）		
			没有找到不放弃，继续积极探究		

续表

活动环节	主要流程	观察点		记录	主要描述
		一级指标	二级指标		
二、自然体验，探索植物气味	幼儿闻味，寻找植物	创造性与批判性思考	将植物摘下来闻		
			将植物揉一揉再闻		
			将植物搓一搓再闻		
			使用工具进行探索（记录使用工具种类）		
			主动提出如何分工的想法		
			能根据分工开展探索		
			完成后能帮助同伴		
			与老师交流自己的想法		
	你找到这个气味的植物了吗	动机/积极学习	为实现目标高兴（笑、脸红、跳起来等）		
			为实现目标的方法和过程而骄傲（描述表情）		
			交流分享（记录举手次数）		
	你用什么方式找到它的	创造性与批判性思考	能结合之前的猜测验证自己的想法		
			根据自己的探索说出哪种方法更好		
			能结合自己的探索判断几种方法的不同之处		
			交流分享（记录举手次数）		
			同伴分享的时候眼神专注		
	想一想可以用什么方法闻到	动机/积极学习	愿意借鉴同伴的经验进行再次探索		
			眼神专注		
			想要继续探索的表情或动作		
			和同伴分享自己的想法		

活动环节	主要流程	观察点		记录	主要描述
		一级指标	二级指标		
三、快乐探索，分享喜欢的气味	老师手上拿了一个什么新工具吗	参与/主动学习	记录举手的次数		
			能联系今天的活动主题气味进行回答		
			与同伴交流		
			同伴分享的时候眼神专注		
	自由探索，尝试留香	创造性与批判性思考	能用刚刚分享过的方法进行留香		
			使用了刚刚没用过的方法进行留香		
			使用了几种方法进行留香（记录次数）		
			留了几种植物的气味（记录种类）		
		参与/主动学习	为自己的成果开心（笑、脸红、跳起来等）		
			和同伴分享自己喜欢的香味		
			和老师分享自己喜欢的气味		

图书在版编目（CIP）数据

在自然中，滋养儿童生命的活力 / 陈月红著.
上海：上海教育出版社，2025.5. — ISBN 978-7-
5720-3522-7

Ⅰ . G612

中国国家版本馆CIP数据核字第2025A5T428号

出 品 人　范蔚文

策划编辑　刘美文

责任编辑　刘美文　黄梦竹

装帧设计　汪　昊

在自然中，滋养儿童生命的活力
陈月红　著

出版发行　上海教育出版社有限公司
官　　网　www.seph.com.cn
地　　址　上海市闵行区号景路159弄C座
邮　　编　201101
印　　刷　上海普顺印刷包装有限公司
开　　本　700×1000　1/16　印张 15.5
字　　数　228 千字
版　　次　2025年6月第1版
印　　次　2025年6月第1次印刷
书　　号　ISBN 978-7-5720-3522-7/G·3148
定　　价　68.00 元

如发现质量问题，读者可向本社调换　电话：021-64373213